WILLI S0-BYC-792

Macbeth

ENGLISCH UND DEUTSCH

ÜBERSETZT UND HERAUSGEGEBEN
VON BARBARA ROJAHN-DEYK

PHILIPP RECLAM JUN. STUTTGART

Der englische Text ist der Arden-Ausgabe von Kenneth Muir
(London 1975; [1]1951) entnommen.

Umschlagabbildung: »Lady Macbeth, schlafwandelnd« (V,1).
Lavierte Federzeichnung von Johann Heinrich Füssli,
um 1772.

Universal-Bibliothek Nr. 9870
Alle Rechte vorbehalten
© 1977 Philipp Reclam jun. GmbH & Co., Stuttgart
Bibliographisch ergänzte Ausgabe 1996
Die Aufführungs- und Senderechte für Bühne, Hörfunk und Fernsehen
vergibt der Steyer Verlag, Münchner Straße 18, 83395 Freilassing
Gesamtherstellung: Reclam, Ditzingen. Printed in Germany 1998
RECLAM und UNIVERSAL-BIBLIOTHEK sind eingetragene Marken
der Philipp Reclam jun. GmbH & Co., Stuttgart
ISBN 3-15-009870-X

Vorwort

Die Übersetzungskonzeption, die die Arbeitsgruppe im Englischen Seminar der Universität Bochum für ihre Übersetzung des *King Lear* erarbeitet hat und die Ulrich Suerbaum im Vorwort zum ersten Band dieser Reihe (*King Lear / König Lear*, Reclams Universal-Bibliothek Nr. 9444) ausführlich darlegte, ist auch für die vorliegende Prosaübersetzung verpflichtend. Da aber die Übersetzerin nicht dem Bochumer Kreis entstammt, erscheint es ihr angemessen, einige ihrer Übersetzungsprinzipien zu erläutern, die möglicherweise von der ursprünglichen Konzeption abweichen, damit nicht dem Projekt angelastet wird, was allein dem Übersetzer zuzuschreiben ist.

Für die *Macbeth*-Übersetzung kristallisierten sich unter vielen anderen vor allem drei Probleme heraus (die natürlich cum grano salis für alle Shakespeare-Übersetzungen gelten dürften): 1. die angemessene Wiedergabe des jeweiligen Sprachstils, 2. die Übersetzung der dunklen Stellen und 3. die Behandlung der Ambiguitäten.

1. *Macbeth* ist auf weite Strecken ein eminent rhetorisches Stück. Die großen Monologe vor allem (man denke an »To-morrow, and to-morrow ...«) haben ein solches Momentum, daß es oft schwerfällt, in der Übersetzung den Vers zu meiden und den Rhythmus aufzubrechen. Dabei stellt sich die Frage, wie weit ein der Prosa verpflichteter Übersetzer gehen muß. Satzgliederung und Wortstellung des Originaltextes sind natürlich dem Metrum unterworfen – folglich hätte eine Prosafassung, besonders da sie sich der Gegenwartssprache bedient, Umstellungen vorzunehmen – aber in welchem Ausmaß? Gerade die Monologe sind Ausdruck seelischer Zustände – verändert man sie formal, verändert man auch ihre Aussage (Suerbaum weist durchaus auf dieses Dilemma hin). Die vorliegende Übersetzung bemüht sich, dem Originalkonzept folgend, die vorgegebenen Satzstrukturen weitgehend zu erhalten. Die da-

durch manchmal entstehenden komplizierten und verschachtelten Perioden verweisen, indem sie die moderne Prosa rhetorisch »verfremden«, auf das Original – auch in seiner historischen Distanz. Der gleiche Effekt wird gelegentlich mit der Wortwahl angestrebt. Im Gegensatz zum Bochumer Konzept wird hin und wieder von zwei Möglichkeiten die »altmodischere« gewählt, also z. B. »Haupt« statt »Kopf« oder »schänden« statt »vergewaltigen«. (Vgl. dazu die Einleitung von Wolfgang Franke zu seiner Ausgabe von *A Midsummer Night's Dream / Ein Sommernachtstraum*, Reclams Universal-Bibliothek Nr. 9755 [2].)
Was eine moderne Prosaübersetzung nach Meinung der Übersetzerin nur unzureichend leisten kann, ist die angestrebte Verdeutlichung Shakespearescher Neuprägungen, »Künstlichkeiten« oder obsoleter Redewendungen. Das liegt einmal – wie auch Suerbaum konstatiert – an der Schwierigkeit, aus der historischen Distanz heraus solche sprachlichen Phänomene richtig zu erfassen, d. h. zum Beispiel festzustellen, »wie geläufig oder neuartig und Aufmerksamkeit heischend manche Bilder und Redewendungen Shakespeares für das elisabethanische Publikum waren«. (Suerbaum, S. 9.) Zum anderen aber scheint der Übersetzerin die Schwierigkeit die eines grundsätzlichen Übersetzungsproblems zu sein. Denn wollte man Shakespeares »dramatische Sondersprache« wirklich nachvollziehen, müßte man auch berücksichtigen, welche Sprache auf »den modernen deutschen Leser« geläufig, neuartig oder Aufmerksamkeit heischend wirkt, müßte man die ganze Palette von altertümlicher Sprache bis zur kühnen (deutschen) Neuprägung einsetzen, müßte man schließlich auch das Problem des Verses wieder mit einbeziehen. Damit wäre jedoch die Grenze zwischen Übersetzung und Nachdichtung überschritten.
2. Ein wichtiges Prinzip des Bochumer Konzepts ist es, »den Text nicht interpretierend aufzuhellen«. Diese Formulierung mag jedoch zu Mißverständnissen führen. Suerbaum sagt zwar weiter oben in seinem Vorwort, daß »Übersetzen

im wesentlichen aus einer Serie von Entscheidungsvorgängen [besteht]« (S. 4), aber er bezieht sich dabei auf die unumgänglichen Sinnverluste beim Übersetzen. Jeder Shakespeare-Übersetzer muß jedoch feststellen, daß von ihm eine Serie von Entscheidungen darüber gefordert wird, was Shakespeare denn eigentlich meint, d. h. eine Folge von Interpretationsvorgängen. Dabei handelt es sich nicht um das Shakespeare-Vokabular oder um seine Grammatik (das *Oxford Shakespeare Glossary* weist an die zehntausend erklärungsbedürftige Wörter auf), sondern um die Vielzahl jener Stellen, die auf Grund der sehr viel lockerer gehandhabten elisabethanischen Grammatik und der vielfachen Bedeutungsmöglichkeiten mancher Wörter selbst im gegebenen Kontext sehr unterschiedlich verstanden werden können. Dazu kommen dann die sogenannten dunklen Stellen, die selten so ins Deutsche zu übersetzen sind, daß man einer Bedeutungsfixierung zumindest für das einzelne Wort ausweichen kann. Notwendigerweise wird diese Festlegung von der Sinngebung beeinflußt, zu der der Übersetzer selbst neigt.

3. Mag diese Art halb unbewußter Verdeutlichung dunkler Stellen auch manchmal ein wenig über die Vorlage hinausgehen, so fügt sie dem Original doch keinen ausgesprochenen Schaden zu. Anders liegt es bei der Übersetzung von Wortspielen und vor allem von den häufig sehr komplexen Ambiguitäten. Nur in ganz seltenen Glücksfällen findet sich eine deutsche Entsprechung, die gleichzeitig noch dicht am Text bleibt. Meistens gelingt bei Inkaufnahme größerer Sinnverluste eine wenigstens sinnvolle – wenngleich einsträngige – Übersetzung. In seltenen Fällen aber ist der Sinn einer Textstelle so sehr von der Interdependenz mehrerer Bedeutungen abhängig, daß eine Reduzierung auf nur eine Bedeutung die Übersetzung unverständlicher macht, als es das Original selbst ist. In diesen Fällen erschien eine freiere Übersetzung nicht nur erlaubt, sondern notwendig, damit wenigstens der allgemeine Sinn gerettet werden konnte.

Der Anmerkungsapparat zu der vorliegenden Übersetzung
mag die Vermutung aufkommen lassen, daß sich das
Hauptgeschäft des Übersetzens in den Fußnoten abspielt.
Vieles an einer Übersetzung bleibt jedoch trotz allen Be-
mühens dem rationalen Zugriff entzogen, entspringt dem
subjektiven Sprachgefühl und der »Intuition« des Über-
setzers – auch dort noch, wo eine Übersetzung sich nicht als
eigenschöpferische Leistung, sondern nur als Hilfsmittel
zum Verständnis des Originals versteht.

Die Übersetzerin möchte abschließend feststellen, daß es
auch um diese geringere Leistung schlecht bestellt gewesen
wäre, wenn ihr Mann, Dr. Jobst-Christian Rojahn, ihr
nicht sehr geholfen hätte.

Macbeth

DRAMATIS PERSONÆ

DUNCAN, *King of Scotland.*

DONALBAIN,
MALCOLM, } *His Sons.*

MACBETH,
BANQUO, } *Generals of the King's Army.*

MACDUFF,
LENOX,
ROSSE,
MENTETH, } *Noblemen of Scotland.*
ANGUS,
CATHNESS,

FLEANCE, *Son to Banquo.*

SIWARD, *Earl of Northumberland, General of the English Forces.*

YOUNG SIWARD, *his Son.*

SEYTON, *an Officer attending on Macbeth.*

BOY, *Son to Macduff.*

AN ENGLISH DOCTOR.

A SCOTTISH DOCTOR.

A SOLDIER.

A PORTER.

AN OLD MAN.

LADY MACBETH.

LADY MACDUFF.

GENTLEWOMAN *attending on Lady Macbeth.*

[HECATE].

THREE WITCHES.

Lords, Gentlemen, Officers, Soldiers, Murderers, Attendants, and Messengers.
The Ghost of Banquo, and other Apparitions.

Scene: In the end of the Fourth Act, in England; through the rest of the play, in Scotland.

PERSONEN

DUNCAN, *König von Schottland*

DONALBAIN
MALCOLM } *seine Söhne*

MACBETH
BANQUO } *königliche Heerführer*

MACDUFF
LENOX
ROSSE
MENTETH. } *schottische Edelleute*
ANGUS.
CATHNESS

FLEANCE, *Banquos Sohn*

SIWARD, *Graf von Northumberland, Führer der englischen Truppen*

DER JUNGE SIWARD, *sein Sohn*

SEYTON, *ein Offizier in Macbeths Gefolge*

EIN KNABE, *Macduffs Sohn*

EIN ENGLISCHER ARZT

EIN SCHOTTISCHER ARZT

EIN SOLDAT

EIN PFÖRTNER

EIN ALTER MANN

LADY MACBETH

LADY MACDUFF

KAMMERFRAU *der Lady Macbeth*

[HEKATE]

DREI HEXEN

Lords, Hofbeamte, Offiziere, Soldaten, Mörder, Diener und Boten
Banquos Geist und andere Erscheinungen

Schauplatz: Am Ende des vierten Aktes England, sonst Schottland

ACT I

SCENE I

An open place.

Thunder and lightning. Enter three Witches.

1 Witch. When shall we three meet again?
    In thunder, lightning, or in rain?
2 Witch. When the hurlyburly's done,
    When the battle's lost and won.
3 Witch. That will be ere the set of sun.   5
1 Witch. Where the place?
2 Witch.   Upon the heath.
3 Witch. There to meet with Macbeth.
1 Witch. I come, Graymalkin!
2 Witch. Paddock calls.
3 Witch. Anon!   10
All. Fair is foul, and foul is fair:
    Hover through the fog and filthy air.
               Exeunt.

SCENE II

A camp.

*Alarum within. Enter King Duncan, Malcolm, Donalbain,
Lenox, with Attendants, meeting a bleeding Captain.*

Dun. What bloody man is that? He can report,
    As seemeth by his plight, of the revolt
    The newest state.
Mal.   This is the Sergeant,
    Who, like a good and hardy soldier, fought
    'Gainst my captivity. – Hail, brave friend!   5
    Say to the King the knowledge of the broil,
    As thou didst leave it.
Cap.   Doubtful it stood;

AKT I

SZENE 1

Eine offene Gegend.

Donner und Blitz. Drei Hexen treten auf.[1]

1. Hexe. Wann sehen wir drei uns wieder? Bei Donner, Blitz oder bei Regen?

2. Hexe. Wenn sich der Aufruhr[2] gelegt hat, wenn die Schlacht verloren und gewonnen ist.

3. Hexe. Das wird vor Sonnenuntergang sein. [5]

1. Hexe. Wo der Ort?

2. Hexe. Auf der Heide.

3. Hexe. Um dort mit Macbeth zusammenzutreffen.

1. Hexe. Ich komme, Graymalkin![3]

2. Hexe. Kröte ruft.

3. Hexe. Sofort! [10]

Alle. Schön ist abscheulich und abscheulich ist schön.[4] Schwebt durch den Nebel und die trübe Luft.

Sie gehen ab.

SZENE 2

Ein Feldlager.[5]

Alarm im Innern. König Duncan, Malcolm, Donalbain, Lenox und Gefolge treten auf und treffen auf einen blutenden Hauptmann.

Dun. Was für ein blutiger[6] Mann ist das? Er kann, wie aus seiner Verfassung hervorgeht, vom neuesten Stand der Revolte berichten.

Mal. Dies ist der Feldwebel[7], der wie ein guter und verwegener Soldat gegen meine Gefangennahme kämpfte. – Heil, tapfrer Freund! [5] Sage dem König, was man von dem Tumult wußte, als du ihn verließest.

Hauptm. Es stand unentschieden; wie zwei erschöpfte

As two spent swimmers, that do cling together
And choke their art. The merciless Macdonwald
(Worthy to be a rebel, for to that   10
The multiplying villainies of nature
Do swarm upon him) from the western isles
Of Kernes and Gallowglasses is supplied;
And Fortune, on his damned quarrel smiling,
Show'd like a rebel's whore: but all's too weak;   15
For brave Macbeth (well he deserves that name),
Disdaining Fortune, with his brandish'd steel,
Which smok'd with bloody execution,
Like Valour's minion, carv'd out his passage,
Till he fac'd the slave;   20
Which ne'er shook hands, nor bade farewell to him,
Till he unseam'd him from the nave to th'chops,
And fix'd his head upon our battlements.

Dun. O valiant cousin! worthy gentleman!
Cap. As whence the sun 'gins his reflection,   25
Shipwracking storms and direful thunders break,
So from that spring, whence comfort seem'd to come,
Discomfort swells. Mark, King of Scotland, mark:
No sooner justice had, with valour arm'd,
Compell'd these skipping Kernes to trust their heels, 30
But the Norweyan Lord, surveying vantage,
With furbish'd arms, and new supplies of men,
Began a fresh assault.
Dun.   Dismay'd not this
Our captains, Macbeth and Banquo?
Cap.   Yes;
As sparrows eagles, or the hare the lion.   35
If I say sooth, I must report they were
As cannons overcharg'd with double cracks;
So they
Doubly redoubled strokes upon the foe:
Except they meant to bathe in reeking wounds,   40
Or memorize another Golgotha,

Schwimmer, die sich aneinander festklammern und ihre
Kunst zunichte machen. Der erbarmungslose Macdonwald (geeignet, ein Rebell zu sein, denn zu diesem Zweck
[10] schwärmen die sich vervielfachenden Schurkereien
der Natur um ihn herum) hat von den westlichen In-
seln[8] eine Verstärkung von Kernern und Galloglassen erhalten; und Fortuna, seinem abscheulichen Streite hold,
zeigte sich wie die Hure eines Rebellen: aber alles ist zu
schwach, [15] denn der heldenhafte Macbeth (wohl verdient er diesen Namen), Fortuna verachtend, bahnte sich
mit seinem geschwungenen Stahl, der von blutiger Hinrichtung rauchte, gleich einem Günstling der Tapferkeit
seinen Weg, bis er dem Sklaven gegenüberstand,[9] [20]
welcher ihm nicht die Hand schüttelte,[10] noch ihm Lebewohl sagte, bis er ihn vom Nabel[11] bis zu den Kinnla-
den auseinandergetrennt und seinen Kopf auf unsere
Zinnen geheftet hatte.

Dun. O kühner Vetter![12] Würdiger Edelmann!

Hauptm. So, wie von dort, wo die Sonne zu ihrer Wende[13]
ansetzt, [25] schiffezerschellende Stürme und gräßliche
Donner brechen, schwillt aus jener Quelle, aus der Trost
zu kommen schien, Leid. Gib acht, König von Schottland, gib acht: kaum hatte Gerechtigkeit, mit Tapferkeit bewaffnet, diese leichtfüßigen Kerner gezwungen,
Fersengeld zu geben, [30] als der norwegische Herrscher,[14]
seinen Vorteil erblickend, mit blankgeputzten Waffen
und neuen Truppen einen frischen Angriff begann.

Dun. Versetzte dies unsere Befehlshaber Macbeth und Banquo nicht in Schrecken?

Hauptm. Ja; wie Spatzen Adler, oder der Hase den Lö-
wen. [35] Wenn ich die Wahrheit sagen soll, so muß ich
berichten, daß sie wie mit doppeltem Krachen überla-
dene Kanonen waren; genau so verdoppelten sie doppelt
ihre Hiebe auf den Feind: wenn sie nicht vorhatten, in
dampfenden Wunden zu baden [40] oder ein zweites

I cannot tell –
But I am faint, my gashes cry for help.
Dun. So well thy words become thee, as thy wounds:
They smack of honour both. – Go, get him surgeons. 45

Exit Captain, attended.
Enter Rosse and Angus.

Who comes here?
Mal.   The worthy Thane of Rosse.
Len. What a haste looks through his eyes! So should he
                                                    look
That seems to speak things strange.
Rosse.   God save the King!
Dun. Whence cam'st thou, worthy Thane?
Rosse.   From Fife, great King,
Where the Norweyan banners flout the sky,   50
And fan our people cold. Norway himself,
With terrible numbers,
Assisted by that most disloyal traitor,
The Thane of Cawdor, began a dismal conflict;
Till that Bellona's bridegroom, lapp'd in proof, 55
Confronted him with self-comparisons,
Point against point, rebellious arm 'gainst arm,
Curbing his lavish spirit: and, to conclude,
The victory fell on us; –
Dun.   Great happiness!
Rosse. That now   60
Sweno, the Norways' King, craves composition;
Nor would we deign him burial of his men
Till he disbursed at Saint Colme's Inch
Ten thousand dollars to our general use.
Dun. No more that Thane of Cawdor shall deceive 65
Our bosom interest. – Go pronounce his present death,
And with his former title greet Macbeth.

Rosse. I'll see it done.
Dun. What he hath lost, noble Macbeth hath won.
                    Exeunt.

Golgatha zu verewigen, dann kann ich nicht sagen[15] –
Aber ich bin schwach, meine Wunden[16] rufen nach Hilfe.

Dun. Deine Worte stehen dir so gut wie deine Wunden: sie
schmecken beide nach Ehre. – Geht, besorgt ihm Ärz-
te. [45]

> *Der Hauptmann geht mit Begleitung ab.*
> *Rosse und Angus treten auf.*

Wer kommt hier?

Mal. Der ehrenwerte Than von Rosse.

Len. Welche Eile blickt aus seinen Augen. So mag einer
aussehen, der offenbar[17] von außergewöhnlichen Dingen
spricht.

Rosse. Gott erhalte den König!

Dun. Von woher kamst du, werter Than?

Rosse. Aus Fife, großer König, wo die norwegischen Banner den Himmel verhöhnen[18] [50] und unsere Leute kalt
fächeln. Norwegen selbst, mit schrecklichen Heerscharen
und unterstützt von dem höchst ungetreuen Verräter,
dem Than von Cawdor, begann einen gräßlichen Kampf;
bis daß Bellonas Bräutigam[19], in kampferprobte Rüstung
gehüllt, [55] ihm mit Selbst-Vergleichen[20] gegenübertrat
und, Spitze gegen Spitze, rebellischer Arm gegen Arm,
seinen anmaßenden Sinn bändigte: und, um es kurz zu
machen, der Sieg fiel uns zu; –

Dun. Großes Glück! [60]

Rosse. So daß nun Sweno, Norwegens[21] König, ein Ab-
kommen erbittet; auch gewährten wir ihm nicht die Be-
erdigung seiner Männer, bis er uns auf Saint Colme's
Inch[22] zehntausend Dollar[23] zu unserem allgemeinen
Gebrauch ausgezahlt hatte.

Dun. Jener Than von Cawdor soll nicht mehr [65] unseren
teuersten Belangen zuwider handeln. – Geh und ver-
künde seinen sofortigen Tod und mit seinem früheren
Titel grüße Macbeth.

Rosse. Ich sorge dafür, daß es geschieht.

Dun. Was er verloren hat, hat der edle Macbeth gewonnen.

> *Sie gehen ab.*

SCENE III
A heath.

Thunder. Enter the three Witches.

1 Witch. Where hast thou been, Sister?
2 Witch. Killing swine.
3 Witch. Sister, where thou?
1 Witch. A sailor's wife had chestnuts in her lap,
    And mounch'd, and mounch'd, and mounch'd: 'Give me,'
                      quoth I: –   5
    'Aroynt thee, witch!' the rump-fed ronyon cries.
    Her husband's to Aleppo gone, master o'th'*Tiger:*
    But in a sieve I'll thither sail,
    And like a rat without a tail;
    I'll do, I'll do, and I'll do.   10
2 Witch. I'll give thee a wind.
1 Witch. Th'art kind.
3 Witch. And I another.
1 Witch. I myself have all the other;
    And the very ports they blow,   15
    All the quarters that they know
    I'th'shipman's card.
    I'll drain him dry as hay:
    Sleep shall neither night nor day
    Hang upon his penthouse lid;   20
    He shall live a man forbid.
    Weary sev'n-nights nine times nine,
    Shall he dwindle, peak, and pine:
    Though his bark cannot be lost,
    Yet it shall be tempest-tost.   25
    Look what I have.
2 Witch. Show me, show me.
1 Witch. Here I have a pilot's thumb,
    Wrack'd, as homeward he did come.
                Drum within.
3 Witch. A drum! a drum!   30
    Macbeth doth come.

SZENE 3

Eine Heide.

Donner. Die drei Hexen treten auf.

1. Hexe. Wo bist du gewesen, Schwester?

2. Hexe. Schweine umbringen.

3. Hexe. Schwester, wo du?

1. Hexe. Die Frau eines Seemanns hatte Eßkastanien in ihrem Schoß und mampfte und mampfte und mampfte: »Gib mir«, sagte ich. – [5] »Mach dich fort,[24] Hexe!« schreit die feiste Schlampe. Ihr Mann ist nach Aleppo gefahren, Kapitän der *Tiger*: aber in einem Sieb will ich dorthin segeln, wie eine Ratte ohne Schwanz; ich mach's, ich mach's, ich mach's. [10]

2. Hexe. Ich gebe dir einen Wind.

1. Hexe. Du bist nett.

3. Hexe. Und ich einen anderen.

1. Hexe. Ich selbst habe all die anderen; und aus den Häfen selbst sollen sie wehen,[25] [15] aus allen Richtungen, die sie aus dem Kompaß[26] des Schiffers kennen. Ich will ihn zu Heu austrocknen: weder tags noch nachts soll Schlaf auf seinem überdachten Lid[27] hängen; [20] er soll wie unter einem Fluch leben. Neun mal neun müde Wochen soll er dahinschwinden, abmagern und verschmachten: obwohl sein Schiff nicht verloren gehen kann, so soll es doch sturmgeschüttelt sein. [25] Schaut, was ich habe.

2. Hexe. Zeig, zeig.

1. Hexe. Hier habe ich den Daumen eines Lotsen, der auf dem Heimweg Schiffbruch erlitt.

Im Innern Trommelwirbel.

3. Hexe. Eine Trommel! Eine Trommel![28] [30] Macbeth kommt.

All. The Weïrd Sisters, hand in hand,
    Posters of the sea and land,
    Thus do go about, about:
    Thrice to thine, and thrice to mine,   35
    And thrice again, to make up nine
    Peace! – the charm's wound up.
            Enter Macbeth and Banquo.
Macb. So foul and fair a day I have not seen.

Ban. How far is't call'd to Forres? – What are these,
    So wither'd and so wild in their attire,   40
    That look not like th'inhabitants o'th'earth,
    And yet are on't? Live you? or are you aught
    That man may question? You seem to understand me,
    By each at once her choppy finger laying
    Upon her skinny lips: you should be women,   45
    And yet your beards forbid me to interpret
    That you are so.
Macb.   Speak, if you can: – what are you?
1 Witch. All hail, Macbeth! hail to thee, Thane of Glamis!
2 Witch. All hail, Macbeth! hail to thee, Thane of Cawdor!

3 Witch. All hail, Macbeth! that shalt be King hereafter. 50

Ban. Good Sir, why do you start, and seem to fear
    Things that do sound so fair? – I'th'name of truth,
    Are ye fantastical, or that indeed
    Which outwardly ye show? My noble partner
    You greet with present grace, and great prediction   55
    Of noble having, and of royal hope,
    That he seems rapt withal: to me you speak not.
    If you can look into the seeds of time,
    And say which grain will grow, and which will not,
    Speak then to me, who neither beg, nor fear,   60
    Your favours nor your hate.
1 Witch. Hail!
2 Witch. Hail!

Alle. Die Schicksalsschwestern[29], Hand in Hand, Schnell-
reisende über Meer und Land, gehen so herum, herum:
dreimal[30] in deiner Richtung und dreimal in meiner [35]
und wieder dreimal, damit es neun werden. Still! – Der
Zauber ist bereit.[31]

Macbeth und Banquo treten auf.

Macb. Einen so abscheulichen und zugleich schönen Tag
habe ich noch nicht gesehen.[32]

Ban. Wie weit soll es nach Forres sein?[33] – Wer sind diese
hier, so verdorrt und so wild gekleidet, [40] die nicht wie
Bewohner der Erde aussehen und doch auf ihr sind?
Lebt ihr? Seid ihr etwas, das der Mensch befragen darf?
Ihr scheint mich zu verstehen, da jede sofort ihren ris-
sigen Finger auf ihre dünnen Lippen legt: ihr solltet
Frauen sein, [45] und doch verbieten es mir eure Bärte,
euch als solche anzusehen.

Macb. Sprecht, wenn ihr könnt: – was seid ihr?

1. Hexe. Sei gegrüßt, Macbeth! Heil dir, Than von Glamis!

2. Hexe. Sei gegrüßt, Macbeth! Heil dir, Than von Cawdor!

3. Hexe. Sei gegrüßt, Macbeth! Der du hiernach König
sein wirst. [50]

Ban. Guter Sir, warum fahrt Ihr zusammen und scheint
Dinge zu fürchten, die so angenehm[34] klingen? – Im Namen der Wahrheit, seid ihr Einbildung oder tatsächlich
das, als was ihr euch nach außen hin zeigt? Meinen edlen Genossen redet ihr mit seinen augenblicklichen Ehren an und mit großer Voraussage [55] edlen Besitztums
und königlicher Hoffnung, daß er davon hingerissen
scheint: zu mir sprecht ihr nicht. Wenn ihr in die Saat
der Zeit sehen und sagen könnt, welches Korn wachsen
wird und welches nicht, dann sprecht zu mir, der weder
eure Gunst erbittet noch euren Haß fürchtet. [61]

1. Hexe. Heil!

2. Hexe. Heil!

3 Witch. Hail!

1 Witch. Lesser than Macbeth, and greater.   65

2 Witch. Not so happy, yet much happier.

3 Witch. Thou shalt get kings, though thou be none:
     So all hail, Macbeth and Banquo!

1 Witch. Banquo and Macbeth, all hail!

Macb. Stay, you imperfect speakers, tell me more.   70
     By Sinel's death I know I am Thane of Glamis;
     But how of Cawdor? the Thane of Cawdor lives,
     A prosperous gentleman; and to be King
     Stands not within the prospect of belief,
     No more than to be Cawdor. Say from whence   75
     You owe this strange intelligence? or why
     Upon this blasted heath you stop our way
     With such prophetic greeting? – Speak, I charge you.
                   Witches vanish.

Ban. The earth hath bubbles, as the water has,
     And these are of them. – Whither are they vanish'd?   80

Macb. Into the air; and what seem'd corporal,
     Melted as breath into the wind. Would they had
                     stay'd!

Ban. Were such things here, as we do speak about,
     Or have we eaten on the insane root,
     That takes the reason prisoner?   85

Macb. Your children shall be kings.

Ban.   You shall be King.

Macb. And Thane of Cawdor too; went it not so?

Ban. To th'selfsame tune, and words. Who's here?

               Enter Rosse and Angus.

Rosse. The King hath happily receiv'd, Macbeth,
     The news of thy success; and when he reads   90
     Thy personal venture in the rebel's fight,
     His wonders and his praises do contend,
     Which should be thine, or his: silenc'd with that,
     In viewing o'er the rest o'th'selfsame day,

3. Hexe. Heil!

1. Hexe. Geringer als Macbeth und größer. [65]

2. Hexe. Nicht so glücklich, aber viel glücklicher.

3. Hexe. Du wirst Könige zeugen[35], obwohl du keiner bist: deshalb seid gegrüßt, Macbeth und Banquo!

1. Hexe. Banquo und Macbeth, seid gegrüßt!

Macb. Bleibt, ihr unvollständigen Sprecher, sagt mir mehr. [70] Ich weiß, daß ich durch Sinels Tod Than von Glamis bin, aber wie von Cawdor? Der Than von Cawdor lebt, ein Mann vom Glück begünstigt,[36] und König zu sein liegt genausowenig im Gesichtsfeld des Glaubens wie Cawdor zu sein. Sagt, woher ihr diese sonderbare Nachricht habt?[37] Oder warum ihr uns auf dieser verdorrten Heide unseren Weg mit solch prophetischem Gruß verlegt? – Sprecht, ich befehle es euch. [78]

Die Hexen verschwinden.

Ban. Die Erde hat Blasen wie das Wasser sie hat, und diese sind von der Art. – Wohin sind sie verschwunden? [80]

Macb. In die Luft; und was körperlich[38] erschien, verflüchtigte sich wie Atem im Wind. Ich wollte, sie wären geblieben!

Ban. Waren solche Dinge hier, über die wir sprechen, oder haben wir von der Wahnsinnswurzel[39] gegessen, die die Vernunft gefangen setzt? [85]

Macb. Eure Kinder werden Könige sein.

Ban. Ihr werdet König sein.

Macb. Und Than von Cawdor ebenfalls, ging es nicht so?

Ban. Nach genau derselben Melodie und auf die gleichen Worte. Wer da?

Rosse und Angus treten auf.

Rosse. Der König hat voller Glück die Nachricht von deinem Erfolg erhalten, Macbeth; und wenn er von deinem persönlichen Wagnis im Kampf mit den Rebellen erfährt, [91] wetteifern sein Staunen und sein Lob darum, welches von ihnen dir und welches ihm gehören sollte: davon zum Schweigen gebracht, findet er dich, indem er den Rest eben desselben Tages mustert, in den

He finds thee in the stout Norweyan ranks,   95
Nothing afeard of what thyself didst make,
Strange images of death. As thick as hail,
Came post with post; and every one did bear
Thy praises in his kingdom's great defence,
And pour'd them down before him.

Ang.   We are sent,   100
To give thee from our royal master thanks;
Only to herald thee into his sight,
Not pay thee.

Rosse. And, for an earnest of a greater honour,
He bade me, from him, call thee Thane of Cawdor: 105
In which addition, hail, most worthy Thane,
For it is thine.

Ban.   What! can the Devil speak true?

Macb. The Thane of Cawdor lives: why do you dress me
In borrow'd robes?

Ang.   Who was the Thane, lives yet;
But under heavy judgment bears that life   110
Which he deserves to lose. Whether he was combin'd
With those of Norway, or did line the rebel
With hidden help and vantage, or that with both
He labour'd in his country's wrack, I know not;
But treasons capital, confess'd and prov'd,   115
Have overthrown him.

Macb. [*Aside.*]   Glamis, and Thane of Cawdor:
The greatest is behind. [*To Rosse and Angus.*] Thanks
                                    for your pains. –
[*To Banquo.*] Do you not hope your children shall be
                                    kings,
When those that gave the Thane of Cawdor to me
Promis'd no less to them?

Ban.   That, trusted home,   120
Might yet enkindle you unto the crown,
Besides the Thane of Cawdor. But 'tis strange:
And oftentimes, to win us to our harm,
The instruments of Darkness tell us truths;

beherzten norwegischen Reihen, [95] ohne im geringsten
zu fürchten,[40] was du selber schufst, seltsame Bildnisse
des Todes. Hageldicht kam Bote auf Bote, und jeder
brachte dein Lob in seines Königreiches großer Verteidi-
gung und goß es vor ihm aus.

Ang. Wir sind geschickt, [100] dir von unserm königlichen
Herrn Dank zu sagen; nur, um dich vor seine Augen
zu geleiten, nicht, um dich zu bezahlen.

Rosse. Und als Unterpfand[41] einer größeren Ehre trug er
mir auf, dich von ihm Than von Cawdor zu nennen:
[105] in diesem zusätzlichen Titel Heil, würdiger Than,
denn er ist dein.

Ban. Was, kann der Teufel die Wahrheit sagen?

Macb. Der Than von Cawdor lebt: warum kleidet Ihr
mich in geborgte Gewänder?[42]

Ang. Welcher der Than war, lebt noch; aber unter schwe-
rem Urteilsspruch trägt er jenes Leben, [110] das er zu
verlieren verdient. Ob er mit denen von Norwegen ver-
bündet war oder den Rebellen mit versteckter Hilfe und
günstiger Gelegenheit verstärkte oder mit beiden am
Untergang seines Landes arbeitete, weiß ich nicht; aber
Hochverrat, gestanden und bewiesen, [115] hat ihn ge-
stürzt.

Macb. (*beiseite*). Glamis und Than von Cawdor: das
Größte fehlt noch. (*Zu Rosse und Angus.*) Danke für
Eure Mühe. – (*Zu Banquo.*) Hofft Ihr nicht, daß Eure Kinder Könige sein werden, wenn jene, die mir den Than
von Cawdor gaben, ihnen nichts Geringeres versprachen?

Ban. Dies, vertrautet Ihr ihm völlig, [120] könnte Euch
außer dem Than von Cawdor noch zur Krone entflam-
men. Aber es ist merkwürdig: und oftmals sagen uns
die Werkzeuge der Finsternis Wahrheiten, um uns zu
unserem Schaden zu gewinnen; sie gewinnen uns mit

Win us with honest trifles, to betray's   125
In deepest consequence. –
Cousins, a word, I pray you.
Macb. [*Aside.*]   Two truths are told,
As happy prologues to the swelling act
Of the imperial theme. – I thank you, gentlemen. –
[*Aside.*] This supernatural soliciting   130
Cannot be ill; cannot be good: –
If ill, why hath it given me earnest of success,
Commencing in a truth? I am Thane of Cawdor:
If good, why do I yield to that suggestion
Whose horrid image doth unfix my hair,   135
And make my seated heart knock at my ribs,
Against the use of nature? Present fears
Are less than horrible imaginings.
My thought, whose murther yet is but fantastical,
Shakes so my single state of man,   140
That function is smother'd in surmise,
And nothing is, but what is not.
Ban. Look, how our partner's rapt.
Macb. [*Aside.*] If Chance will have me King, why, Chance
                              may crown me,
Without my stir.
Ban.   New honours come upon him,   145
Like our strange garments, cleave not to their mould,
But with the aid of use.
Macb. [*Aside.*]   Come what come may,
Time and the hour runs through the roughest day.
Ban. Worthy Macbeth, we stay upon your leisure.
Macb. Give me your favour: my dull brain was wrought   150
With things forgotten. Kind gentlemen, your pains
Are register'd where every day I turn
The leaf to read them. – Let us toward the King. –
[*To Banquo.*] Think upon what hath chanc'd; and at
                              more time,
The Interim having weigh'd it, let us speak   155
Our free hearts each to other.

ehrlichen Kleinigkeiten, um uns in tiefster Konsequenz
zu verraten. – [126] Vettern, ein Wort, ich bitte Euch.

Macb. (beiseite). Zwei Wahrheiten sind gesagt als glück-
liche Prologe[43] zur grandiosen Darbietung des königlichen Themas. – Ich danke Euch, meine Herren. – *(Beiseite.)* Dieser übernatürliche Appell [130] kann nicht böse
sein; kann nicht gut sein: – wenn böse, warum hat er
mir ein Unterpfand des Erfolges gegeben, indem er mit
einer Wahrheit begann? Ich bin Than von Cawdor:
wenn gut, warum gebe ich dann jener Einflüsterung
nach, deren grauses Bild[44] mir die Haare sträubt [135]
und mein fest sitzendes Herz widernatürlich gegen
meine Rippen schlagen läßt? Gegenwärtige Gefahren
sind geringer als grauenhafte Vorstellungen. Mein Mord-
gedanke, dessen Ausführung bis jetzt nur in der Phantasie vorhanden ist, erschüttert so mein unteilbares
menschliches Sein,[45] [140] daß Handeln in Einbildung erstickt wird und nichts ist, außer was nicht ist.

Ban. Seht, wie versunken unser Gefährte ist.

Macb. (beiseite). Wenn das Schicksal[46] mich als König haben will, nun, dann mag mich das Schicksal ohne mein
Zutun krönen.

Ban. Neu auf ihn gekommene Ehren [145] haften, wie unsere neuen Kleider,[47] nicht an ihrer Form, es sei denn
durch Gebrauch.

Macb. (beiseite). Komme, was kommen mag. Zeit und
Stunde löschen den rauhesten Tag aus.[48]

Ban. Werter Macbeth, wir stehen zu Euren Diensten.

Macb. Verzeiht mir: mein schwerfälliges Hirn wurde von
vergessenen Dingen aufgewühlt. Ihr guten Herren, Eure
Mühe [151] ist dort eingetragen, wo ich jeden Tag das
Blatt umwende, um sie zu lesen. – Laßt uns zum König. – *(Zu Banquo.)* Denkt darüber nach, was geschehen
ist; und wenn mehr Zeit ist, und nachdem die Zwischen-
zeit[49] es abgewogen hat, laßt uns unsere freien Herzen
einander mitteilen. [156]

Ban.   Very gladly.
Macb. Till then, enough. – Come, friends.
                    Exeunt.

                    SCENE IV

          Forres. A room in the palace.

Flourish. Enter Duncan, Malcolm, Donalbain, Lenox, and
                    Attendants.

Dun. Is execution done on Cawdor? Or not
        Those in commission yet return'd?
Mal.   My Liege,
        They are not yet come back; but I have spoke
        With one that saw him die: who did report,
        That very frankly he confess'd his treasons,   5
        Implor'd your Highness' pardon, and set forth
        A deep repentance. Nothing in his life
        Became him like the leaving it: he died
        As one that had been studied in his death,
        To throw away the dearest thing he ow'd,   10
        As 'twere a careless trifle.
Dun.   There's no art
        To find the mind's construction in the face:
        He was a gentleman on whom I built
        An absolute trust –
            Enter Macbeth, Banquo, Rosse, and Angus.
                          O worthiest cousin!
        The sin of my ingratitude even now   15
        Was heavy on me. Thou art so far before,
        That swiftest wing of recompense is slow
        To overtake thee: would thou hadst less deserv'd,
        That the proportion both of thanks and payment
        Might have been mine! only I have left to say,   20
        More is thy due than more than all can pay.
Macb. The service and the loyalty I owe,
        In doing it, pays itself. Your Highness' part

Ban. Sehr gerne.
Macb. Bis dahin, genug. – Kommt, Freunde.

Sie gehen ab.

SZENE 4

Forres. Ein Raum im Königsschloß.

*Fanfare. Es treten auf Duncan, Malcolm, Donalbain,
Lenox und Gefolge.*

Dun. Ist Cawdor hingerichtet? Oder sind die damit Be-
auftragten noch nicht zurückgekehrt?

Mal. Mein Lehnsherr, sie sind noch nicht zurückgekommen;
aber ich habe mit einem gesprochen, der ihn sterben
sah: welcher berichtete, daß er sehr offen seinen Verrat
gestanden, [5] Eurer Hoheit Vergebung erfleht und
tiefe Reue gezeigt habe. Nichts in seinem Leben stand
ihm so gut, wie es zu verlassen: er starb wie einer, der
in seinem Tod bewandert war, indem er das Teuerste,
das er besaß, fortwarf,[50] [10] als wäre es eine unwe-
sentliche Nichtigkeit.

Dun. Keine Kunstfertigkeit hilft, um die Deutung[51] der
Seele im Gesicht zu finden. Er war ein Edelmann, auf
den ich absolutes Vertrauen setzte –

Macbeth, Banquo, Rosse und Angus treten auf.

O würdigster Vetter! Die Sünde meiner Undankbarkeit
lag gerade eben schwer auf mir. Du bist so weit vorn, [16]
daß der schnellste Flügel der Belohnung dich nicht so
leicht einholt: ich wünschte, du hättest weniger verdient,
so daß ich beide, Dank und Lohn, angemessen hätte
abstatten können![52] Mir bleibt nur zu sagen, [20] daß
dir mehr zusteht als mehr als alles zahlen kann.[53]

Macb. Der Dienst und die Treue, die ich schulde, belohnen
sich, indem ich sie leiste, selbst. Eurer Hoheit Teil ist es,

    Is to receive our duties: and our duties
    Are to your throne and state, children and servants; 25
    Which do but what they should, by doing everything
    Safe toward your love and honour.

Dun.   Welcome hither:
    I have begun to plant thee, and will labour
    To make thee full of growing. – Noble Banquo,
    That hast no less deserv'd, nor must be known   30
    No less to have done so, let me infold thee,
    And hold thee to my heart.

Ban.   There if I grow,
    The harvest is your own.

Dun.   My plenteous joys,
    Wanton in fulness, seek to hide themselves
    In drops of sorrow. – Sons, kinsmen, Thanes,   35
    And you whose places are the nearest, know,
    We will establish our estate upon
    Our eldest, Malcolm; whom we name hereafter
    The Prince of Cumberland: which honour must
    Not unaccompanied invest him only,   40
    But signs of nobleness, like stars, shall shine
    On all deservers. – From hence to Inverness,
    And bind us further to you.

Macb. The rest is labour, which is not us'd for you:
    I'll be myself the harbinger, and make joyful   45
    The hearing of my wife with your approach;
    So, humbly take my leave.

Dun.   My worthy Cawdor!

Macb. [*Aside.*] The Prince of Cumberland! – That is a
                                  step
    On which I must fall down, or else o'erleap,
    For in my way it lies. Stars, hide your fires!   50
    Let not light see my black and deep desires;
    The eye wink at the hand; yet let that be,
    Which the eye fears, when it is done, to see.
                      Exit.

Dun. True, worthy Banquo: he is full so valiant,

unsere pflichtgemäßen Dienste anzunehmen: und unsere
Dienste sind Eurem Thron und hohen Stand[54] Kinder
und Diener, [25] die nur tun, was sie sollten, indem sie
alles Sichere für Eure Liebe und Ehre tun.[55]

Dun. Willkommen hier: ich habe begonnen, dich zu pflan-
zen und will mich mühen, daß du üppig wächst. – Edler
Banquo, der du nicht weniger verdient hast und auch
nicht weniger dafür bekannt sein darfst, laß mich dich
umfassen [31] und an mein Herz halten.

Ban. Wenn ich dort wachse, ist die Ernte Euer.

Dun. Meine überreichlichen Freuden, launisch[56] in der Fülle,
suchen sich in Tropfen des Leids zu verbergen. – Söhne,
Anverwandte, Thane [35] und ihr, deren Stellung mir
am nächsten ist, wißt, wir wollen unsere Nachfolge auf
unseren Ältesten, Malcolm, übertragen, den wir hiernach
Prinz von Cumberland[57] nennen: diese Ehre darf nicht
unbegleitet ihn allein bekleiden, [40] sondern Zeichen
der Würde sollen, wie Sterne, auf alle scheinen, die es
verdienen. – Von hier nach Inverness, und bindet uns
weiter an Euch.[58]

Macb. Die Ruhe ist Mühe, die nicht für Euch verwendet
wird: ich will selbst der Vorbote[59] sein und das Ohr
meiner Frau mit Eurem Nahen erfreuen; [46] daher
nehme ich ergebenst Abschied.

Dun. Mein werter Cawdor!

Macb. (beiseite). Der Prinz von Cumberland! Das ist eine
Stufe, über die ich fallen oder die ich überspringen muß,
denn sie liegt in meinem Weg. Sterne, verbergt euer
Feuer! [50] Laßt kein Licht meine schwarzen und tiefen
Wünsche sehen; das Auge möge sich vor der Hand verschließen,[60] doch laßt das geschehen, was das Auge, wenn
es getan ist, zu sehen sich fürchtet.

Er geht ab.

Dun. Wahr, werter Banquo: er ist gänzlich so heldenhaft,

And in his commendations I am fed;   55
It is a banquet to me. Let's after him,
Whose care is gone before to bid us welcome:
It is a peerless kinsman.
                Flourish. Exeunt.

                        SCENE V

        Inverness. A room in Macbeth's castle.

        Enter Lady Macbeth, reading a letter.

Lady M. 'They met me in the day of success; and I have
    learn'd by the perfect'st report, they have more in them
    than mortal knowledge. When I burn'd in desire to
    question them further, they made themselves air, into
    which they vanish'd. [5] Whiles I stood rapt in the won-
    der of it, came missives from the King, who all-hail'd
    me, "Thane of Cawdor"; by which title, before, these
    Weïrd Sisters saluted me, and referr'd me to the com-
    ing on of time, with "Hail, King that shalt be!" This
    have I thought good [10] to deliver thee (my dearest
    partner of greatness) that thou might'st not lose the
    dues of rejoicing, by being ignorant of what greatness is
    promis'd thee. Lay it to thy heart, and farewell.'

    Glamis thou art, and Cawdor; and shalt be   15
    What thou art promis'd. – Yet do I fear thy nature:
    It is too full o'th'milk of human kindness,
    To catch the nearest way. Thou wouldst be great;
    Art not without ambition, but without
    The illness should attend it: what thou wouldst highly,
    That wouldst thou holily; wouldst not play false,   21
    And yet wouldst wrongly win; thou'dst have, great
                                    Glamis,
    That which cries, 'Thus thou must do,' if thou have it;
    And that which rather thou dost fear to do,

und an seinem Lob labe ich mich; [55] es ist mir ein
Bankett. Laßt uns ihm nach, dessen Fürsorge vorausge-
gangen ist, um uns willkommen zu heißen: ein Vetter,
unvergleichlich.

Fanfare. Sie gehen ab.

SZENE 5

Inverness. Ein Raum in Macbeths Burg.

Lady Macbeth tritt auf, einen Brief lesend.

Lady M. »Sie begegneten mir am Tage des Erfolges; und
ich habe durch genaueste Auskunft erfahren, daß sie
mehr in sich tragen als sterbliches Wissen. Als ich vor
Begierde brannte, sie weiter zu befragen, verwandelten
sie sich in Luft, in der sie verschwanden. [5] Während
ich noch von diesem Wunder hingerissen stand, kamen
Sendboten vom König, die mich mit ›Than von Cawdor‹ feierlich grüßten, der Titel, mit dem mich zuvor
diese Schicksalsschwestern begrüßt und mich auf die zukünftige Zeit mit ›Heil, König, der du sein wirst!‹ hin-
gewiesen hatten. Dies habe ich für gut gehalten [10] Dir
mitzuteilen (meine liebste Gefährtin in der Größe),
damit Du nicht Deinen Anteil an der Freude verlierst,
weil Du nicht weißt, was für eine Größe Dir versprochen ist. Leg es an Dein Herz und lebe wohl.«
Glamis bist du und Cawdor; und sollst sein, [15] was
dir versprochen ist. – Doch fürchte ich deine Natur: sie ist
zu voll von der Milch der menschlichen Güte,[61] um den
nächstgelegenen Weg einzuschlagen. Du möchtest groß
sein; bist nicht ohne Ehrgeiz, aber ohne die Schlechtig-
keit,[62] die ihn begleiten sollte: was du sehr möchtest, [20]
das möchtest du heiligmäßig; möchtest kein falsches Spiel
treiben und möchtest doch unrechtmäßig gewinnen; du
möchtest, großer Glamis, das haben, welches schreit:
»So mußt du es tun«, wenn du es haben willst;[63] und
das, welches du eher zu tun fürchtest als wünschtest, es

Than wishest should be undone. Hie thee hither,   25
That I may pour my spirits in thine ear,
And chastise with the valour of my tongue
All that impedes thee from the golden round,
Which fate and metaphysical aid doth seem
To have thee crown'd withal.
                    Enter a Messenger.
                              What is your tidings?   30
Mess. The King comes here to-night.
Lady M.   Thou'rt mad to say it.
Is not thy master with him? who, were't so,
Would have inform'd for preparation.
Mess. So please you, it is true: our Thane is coming;
One of my fellows had the speed of him,   35
Who, almost dead for breath, had scarcely more
Than would make up his message.
Lady M.   Give him tending:
He brings great news. [*Exit Messenger.*] The raven
                              himself is hoarse,
That croaks the fatal entrance of Duncan
Under my battlements. Come, you Spirits   40
That tend on mortal thoughts, unsex me here,
And fill me, from the crown to the toe, top-full
Of direst cruelty! make thick my blood,
Stop up th'access and passage to remorse;
That no compunctious visitings of Nature   45
Shake my fell purpose, nor keep peace between
Th'effect and it! Come to my woman's breasts,
And take my milk for gall, you murth'ring ministers,
Wherever in your sightless substances
You wait on Nature's mischief! Come, thick Night,   50
And pall thee in the dunnest smoke of Hell,
That my keen knife see not the wound it makes,
Nor Heaven peep through the blanket of the dark,
To cry, 'Hold, hold!'
                    Enter Macbeth.
                    Great Glamis! worthy Cawdor!

solle ungetan bleiben. Eile hierher, [25] daß ich mein
Feuer in dein Ohr gieße und mit der Tapferkeit meiner
Zunge alles züchtige, was dich von dem goldenen Rund
zurückhält, mit dem das Schicksal und übernatürliche
Hilfe dich offensichtlich[64] gekrönt sehen wollen.

Ein Bote tritt auf.

Was ist Eure Nachricht? [30]

Bote. Der König kommt heute abend hierher.

Lady M. Du[65] bist wahnsinnig, das zu sagen. Ist nicht dein
Herr bei ihm, der, wäre es so, Mitteilung gemacht hätte,
damit Vorbereitungen getroffen werden?

Bote. Wenn es Euch beliebt, es ist wahr: unser Than ist
auf dem Weg; einer meiner Kameraden hat ihn hinter
sich gelassen, [35] der, fast tot vor Atemnot, kaum mehr
hatte, als er für seine Botschaft brauchte.

Lady M. Versorgt ihn: er bringt große Nachricht. *(Der
Bote geht ab.)* Der Rabe selbst ist heiser,[66] der Duncans
unheilvollen Einzug unter meine Zinnen krächzt. Kommt,
ihr Geister,[67] [40] die ihr den mörderischen Gedanken
zu Diensten steht, nehmt mir hier mein Geschlecht und
füllt mich vom Scheitel bis zur Sohle randvoll mit
schrecklichster Grausamkeit! Macht mein Blut dick, ver-
stopft den Zugang und den Weg zum Mitleid[68], daß
keine Reueanfälle der Natur [45] meinen grausamen
Vorsatz erschüttern, noch zwischen ihm und seiner Ausführung Frieden halten mögen! Kommt zu meinen Brü-
sten, ihr Mordgehilfen, und vergiftet[69] meine Milch mit
Galle, wo immer ihr in euren unsichtbaren Wesen dem
Unheil der Natur dient. Komm, dichte Nacht, [50] und
hülle[70] dich in den dunkelsten Rauch der Hölle, daß
mein scharfes Messer nicht die Wunde sehe, die es macht,
noch der Himmel durch die Decke der Dunkelheit blicke,
um »Halt, halt!« zu rufen.

Macbeth tritt auf.

Großer Glamis! Werter Cawdor! Größer als beide durch

Greater than both, by the all-hail hereafter!   55
Thy letters have transported me beyond
This ignorant present, and I feel now
The future in the instant.

Macb.   My dearest love,
Duncan comes here to-night.

Lady M.   And when goes hence?

Macb. To-morrow, as he purposes.

Lady M.   O! never   60
Shall sun that morrow see!
Your face, my Thane, is as a book, where men
May read strange matters. To beguile the time,
Look like the time; bear welcome in your eye,
Your hand, your tongue: look like th'innocent flower,
But be the serpent under't. He that's coming   66
Must be provided for; and you shall put
This night's great business into my dispatch;
Which shall to all our nights and days to come
Give solely sovereign sway and masterdom.   70

Macb. We will speak further.

Lady M.   Only look up clear;
To alter favour ever is to fear.
Leave all the rest to me.
                    Exeunt.

SCENE VI

The same. Before the castle.

*Hautboys and torches. Enter Duncan, Malcolm, Donalbain,
Banquo, Lenox, Macduff, Rosse, Angus, and Attendants.*

Dun. This castle hath a pleasant seat; the air
Nimbly and sweetly recommends itself
Unto our gentle senses.

Ban.   This guest of summer,
The temple-haunting martlet, does approve,
By his loved mansionry, that the heaven's breath   5

den zukünftigen Gruß! [55] Dein Brief hat mich über
diese unwissende Gegenwart hinausversetzt, und ich fühle
nun die Zukunft im Augenblick.

Macb. Meine Liebe, Duncan kommt heute abend hierher.

Lady M. Und wann geht er fort?
Macb. Morgen, wie er beabsichtigt.
Lady M. Oh! Niemals soll Sonne dieses Morgen sehen! [61]
Euer Gesicht, mein Than, ist wie ein Buch, wo man
außergewöhnliche Dinge lesen kann. Um die Welt irre-
zuführen, seht aus wie die Welt; tragt Willkommen in
Eurem Blick, Eurer Hand, auf Eurer Zunge: seht aus wie
die unschuldige Blume, [65] aber seid die Schlange dar-
unter. Für den, der kommt, muß gesorgt werden; und
Ihr sollt das große Geschäft dieser Nacht meiner Ausführung[71] überlassen; was all unseren zukünftigen Nächten und Tagen allein unbeschränkte Macht und Herrschaft geben soll. [70]
Macb. Wir wollen weiter darüber sprechen.
Lady M. Nur blickt heiter; seinen Gesichtsausdruck zu ändern, ist immer gefährlich. Überlaßt den ganzen Rest
mir.

Sie gehen ab.

SZENE 6

Daselbst. Vor der Burg.

*Oboen und Fackeln. Duncan, Malcolm, Donalbain, Banquo,
Lenox, Macduff, Rosse, Angus und Gefolge treten auf.*

Dun. Diese Burg hat eine angenehme Lage; die leichtbe-
wegte süße Luft macht sich unseren milden Sinnen[72] angenehm.
Ban. Dieser Sommergast, die Schwalbe[73], die so gern in
Tempeln lebt, beweist mit ihrem Lieblingswohnsitz, daß
der Atem des Himmels [5] hier einladend[74] duftet: kein

Smells wooingly here: no jutty, frieze,
Buttress, nor coign of vantage, but this bird
Hath made his pendent bed, and procreant cradle:
Where they most breed and haunt, I have observ'd
The air is delicate.
                    Enter Lady Macbeth.

Dun.   See, see! our honour'd hostess. –   10
The love that follows us sometime is our trouble,
Which still we thank as love. Herein I teach you,
How you shall bid God 'ild us for your pains,
And thank us for your trouble.

Lady M.   All our service,
In every point twice done, and then done double,   15
Were poor and single business, to contend
Against those honours deep and broad, wherewith
Your Majesty loads our house: for those of old,
And the late dignities heap'd up to them,
We rest your hermits.

Dun.   Where's the Thane of Cawdor? 20
We cours'd him at the heels, and had a purpose
To be his purveyor: but he rides well;
And his great love, sharp as his spur, hath holp him
To his home before us. Fair and noble hostess,
We are your guest to-night.

Lady M.   Your servants ever   25
Have theirs, themselves, and what is theirs, in compt,
To make their audit at your Highness' pleasure,
Still to return your own.

Dun.   Give me your hand;
Conduct me to mine host: we love him highly,
And shall continue our graces towards him.   30
By your leave, hostess.
                    Exeunt.

Vorsprung, Fries, Strebepfeiler, keine günstige Stelle, wo
dieser Vogel sich nicht sein hängendes Bett und die Wiege
seiner Zeugung gemacht hätte: wo sie am meisten brüten
und sich aufhalten, ist die Luft sanft, wie ich beobachtet
habe.

Lady Macbeth tritt auf.

Dun. Seht, seht! Unsere geehrte Gastgeberin. – [10] Die
Liebe, die uns folgt, ist manchmal unsere Plage, der wir
dennoch als Liebe danken. Hiermit lehre ich Euch, wie
Ihr Vergelt's Gott für Eure Plage sagen und uns für
Eure Mühe danken sollt.

Lady M. All unser Dienst, in jedem Punkte zweimal getan
und dann verdoppelt, [15] wäre eine armselige und
schwache[75] Angelegenheit, um mit jenen umfassenden
Ehren zu wetteifern, mit denen Eure Majestät dies Haus
belädt: für jene früheren Würden und die jüngsten, zu
ihnen aufgehäuften, bleiben wir Eure Eremiten.[76]

Dun. Wo ist der Than von Cawdor? [20] Wir jagten, an
seine Fersen geheftet, hinter ihm her und hatten die Absicht, sein Quartiermeister[77] zu sein: aber er reitet gut;
und seine große Liebe, scharf wie seine Sporen, hat ihm
vor uns zu seinem Wohnsitz geholfen. Schöne und edle
Herrin, wir sind heute nacht Eure Gäste.

Lady M. Eure Diener führen zu jeder Zeit über die ihren,
sich selbst und was das ihre ist, ein Kontobuch,[78] [26] um
ihren Rechenschaftsbericht nach dem Ermessen Eurer Hoheit abzulegen und um Euch stets das Eure zurückzuge-
ben.

Dun. Gebt mir Eure Hand; führt mich zum Hausherrn:
wir schätzen ihn hoch und werden mit unseren Gunst-
beweisen ihm gegenüber fortfahren. [30] Erlaubt.[79]

Sie gehen ab.

SCENE VII

The same. A room in the castle.

*Hautboys and torches. Enter, and pass over the stage, a
Sewer, and divers Servants with dishes and service. Then
enter Macbeth.*

Macb. If it were done, when 'tis done, then 'twere well
      It were done quickly: if th'assassination
      Could trammel up the consequence, and catch
      With his surcease success; that but this blow
      Might be the be-all and the end-all – here,   5
      But here, upon this bank and shoal of time,
      We'd jump the life to come. – But in these cases,
      We still have judgment here; that we but teach
      Bloody instructions, which, being taught, return
      To plague th'inventor: this even-handed Justice   10
      Commends th'ingredience of our poison'd chalice
      To our own lips. He's here in double trust:
      First, as I am his kinsman and his subject,
      Strong both against the deed; then, as his host,
      Who should against his murtherer shut the door,   15
      Not bear the knife myself. Besides, this Duncan
      Hath borne his faculties so meek, hath been
      So clear in his great office, that his virtues
      Will plead like angels, trumpet-tongu'd, against
      The deep damnation of his taking-off;   20
      And Pity, like a naked new-born babe,
      Striding the blast, or heaven's Cherubins, hors'd
      Upon the sightless couriers of the air,
      Shall blow the horrid deed in every eye,
      That tears shall drown the wind. – I have no spur   25
      To prick the sides of my intent, but only
      Vaulting ambition, which o'erleaps itself
      And falls on th'other –
                  Enter Lady Macbeth.
                              How now! what news?

SZENE 7

Daselbst. Ein Raum in der Burg.

Oboen und Fackeln. Es treten ein Truchseß[80] und diverse Diener mit Schüsseln und Speisen auf und gehen über die Bühne. Dann tritt Macbeth auf.

Macb. Wenn es damit getan wäre, wenn es getan ist, dann wäre es gut, es würde schnell getan: wenn der Meuchelmord die Folgen hemmen[81] und mit seinem Ende[82] den Erfolg[83] einfangen könnte; daß nur dieser Stoß das Alles-Sein und Alles-Enden wäre – hier, [5] wenigstens hier, auf dieser Sandbank[84] der Zeit, wir würden das zukünftige Leben aufs Spiel setzen. – Aber in diesen Fällen empfangen wir das Urteil noch hier; daß wir nur blutige Lehren erteilen, die, wenn sie erteilt worden sind, zurückkehren, um den Urheber zu plagen: diese unparteiische Gerechtigkeit[85] [10] bietet die Zutat[86] unseres vergifteten Kelches unseren eigenen Lippen. Er ist hier in zweifacher Obhut: erstens, weil ich sein Blutsverwandter und sein Untertan bin, beides ist entschieden gegen die Tat; dann als sein Gastgeber, der ich vor seinem Mörder die Tür verschließen sollte, [15] nicht selbst das Messer führen. Außerdem hat dieser Duncan seine Vorrechte[87] so milde ausgeübt, ist in seinem großen Amt so rein gewesen, daß seine Tugenden wie Engel, trompetenzüngig, gegen die Todsünde seines Mordes sprechen werden; [20] und Mitleid, wie ein nacktes, neugeborenes Kind, rittlings auf dem Sturm,[88] oder die Cherubim des Himmels, zu Pferd auf den unsichtbaren Kurieren der Luft, werden die abscheuliche Tat in jedes Auge blasen, daß Tränen den Wind ertränken werden. – Ich habe keinen Sporn, [25] um ihn in die Flanken meiner Absicht zu stoßen, außer hochschnellenden Ehrgeiz,[89] der sich überspringt und stürzt auf der andern –

Lady Macbeth tritt auf.

Was ist? Was gibt es Neues?

Lady M. He has almost supp'd. Why have you left the
$\qquad\qquad\qquad\qquad\qquad\qquad\qquad\qquad$ chamber?

Macb. Hath he ask'd for me?

Lady M. $\qquad\qquad\qquad$ Know you not, he has? 30

Macb. We will proceed no further in this business:
$\quad$ He hath honour'd me of late; and I have bought
$\quad$ Golden opinions from all sorts of people,
$\quad$ Which would be worn now in their newest gloss,
$\quad$ Not cast aside so soon.

Lady M. $\qquad\qquad$ Was the hope drunk, 35
$\quad$ Wherein you dress'd yourself? Hath it slept since?
$\quad$ And wakes it now, to look so green and pale
$\quad$ At what it did so freely? From this time
$\quad$ Such I account thy love. Art thou afeard
$\quad$ To be the same in thine own act and valour, 40
$\quad$ As thou art in desire? Would'st thou have that
$\quad$ Which thou esteem'st the ornament of life,
$\quad$ And live a coward in thine own esteem,
$\quad$ Letting 'I dare not' wait upon 'I would,'
$\quad$ Like the poor cat i'th'adage?

Macb. $\qquad\qquad\qquad$ Pr'ythee, peace. 45
$\quad$ I dare do all that may become a man;
$\quad$ Who dares do more, is none.

Lady M. $\qquad\qquad\qquad$ What beast was't then,
$\quad$ That made you break this enterprise to me?
$\quad$ When you durst do it, then you were a man;
$\quad$ And, to be more than what you were, you would 50
$\quad$ Be so much more the man. Nor time, nor place,
$\quad$ Did then adhere, and yet you would make both:
$\quad$ They have made themselves, and that their fitness now
$\quad$ Does unmake you. I have given suck, and know
$\quad$ How tender 'tis to love the babe that milks me: 55
$\quad$ I would, while it was smiling in my face,
$\quad$ Have pluck'd my nipple from his boneless gums,
$\quad$ And dash'd the brains out, had I so sworn
$\quad$ As you have done to this.

Macb. $\qquad\qquad\qquad$ If we should fail?

Lady M. Er ist fast mit dem Nachtmahl fertig. Warum habt Ihr den Raum verlassen?

Macb. Hat er nach mir gefragt?

Lady M. Wißt Ihr das nicht? [30]

Macb. Wir wollen in dieser Angelegenheit nicht fortfahren: er hat mich in letzter Zeit geehrt; und ich habe mir einen goldenen Ruf von allen möglichen Leuten erworben, der jetzt in seinem neuesten Glanz getragen[90] und nicht so schnell weggeworfen werden sollte.

Lady M. War die Hoffnung betrunken, [35] in die Ihr Euch gekleidet? Hat sie seitdem geschlafen? Und wacht sie nun auf, um so grün und bleich[91] das anzuschauen, was sie so freudig tat? Von nun an schätze ich so deine Liebe ein. Fürchtest du, [40] derselbe in deiner eignen Tat und Kühnheit zu sein, der du im Begehren bist? Möchtest du das haben, was du für den Schmuck des Lebens[92] erachtest, und als Feigling in deiner eignen Achtung leben, indem du »Ich wage es nicht« dem »Ich möchte« folgen läßt, wie die arme Katze im Sprichwort?[93]

Macb. Ich bitte dich, sei still. [45] Ich wage alles, was einem Menschen[94] anstehen mag; wer mehr wagt, ist keiner.

Lady M. Was für ein Tier war es dann, das Euch veranlaßte, mir diese Unternehmung zu enthüllen? Als Ihr es zu tun wagtet, da wart Ihr ein Mann; und, um mehr zu sein als Ihr wart,[95] wolltet Ihr [50] um so mehr der Mann sein. Weder Zeit noch Ort entsprachen[96] damals, und doch wolltet Ihr beide herbeiführen: sie haben sich selbst herbeigeführt, und diese ihre Tauglichkeit hier entnervt[97] Euch. Ich habe gestillt[98] und weiß, wie weich es stimmt, das Kind zu lieben, das an mir saugt: [55] ich würde, während es mir ins Gesicht lächelt, meine Brustwarze zwischen seinen zahnlosen Kiefern hervorgerissen und ihm den Kopf zerschmettert haben, hätte ich es geschworen, so wie Ihr dies geschworen habt.

Macb. Wenn es uns mißlänge?

Lady M. We fail?   60
    But screw your courage to the sticking-place,
    And we'll not fail. When Duncan is asleep
    (Whereto the rather shall his day's hard journey
    Soundly invite him), his two chamberlains
    Will I with wine and wassail so convince,   65
    That memory, the warder of the brain,
    Shall be a fume, and the receipt of reason
    A limbeck only: when in swinish sleep
    Their drenched natures lie, as in a death,
    What cannot you and I perform upon   70
    Th'unguarded Duncan? what not put upon
    His spongy officers, who shall bear the guilt
    Of our great quell?
Macb.   Bring forth men-children only!
    For thy undaunted mettle should compose
    Nothing but males. Will it not be receiv'd,   75
    When we have mark'd with blood those sleepy two
    Of his own chamber, and us'd their very daggers,
    That they have done't?
Lady M.   Who dares receive it other,
    As we shall make our griefs and clamour roar
    Upon his death?
Macb.   I am settled, and bend up   80
    Each corporal agent to this terrible feat.
    Away, and mock the time with fairest show:
    False face must hide what the false heart doth know.
                 Exeunt.

Lady M. Uns mißlingen? [60] Schraubt nur Euren Mut so hoch es geht,[99] und es wird uns nicht mißlingen. Wenn Duncan schläft (wozu ihn um so mehr seines Tages beschwerliche Reise gehörig[100] einladen wird), will ich seine beiden Kämmerer mit Wein und Punsch so überwältigen[101], [65] daß ihr Gedächtnis[102], der Wächter des Gehirns, ein Dampf sein wird und das Gefäß der Vernunft nur ein Destillierkolben: wenn ihre durchtränkten Naturen in schweinischem Schlaf liegen wie in einem Tod, was könnt Ihr und ich nicht mit [70] dem unbewachten Duncan machen? Was nicht seinen betrunkenen Gefolgsleuten zur Last legen, die die Schuld an unserem großen Mord[103] tragen sollen?

Macb. Bringe nur männliche Kinder zur Welt! Denn dein unerschrockenes Wesen[104] sollte nur Knaben formen. Wenn wir diese schlafenden Zwei seiner eignen Kammer mit Blut gezeichnet und sogar ihre eigenen Dolche benutzt haben, wird man dann nicht annehmen, daß sie es getan haben? [78]

Lady M. Wer wird es wagen, etwas anderes anzunehmen, da wir ja unser Jammern und Wehklagen über seinen Tod laut erschallen lassen werden?

Macb. Ich bin entschlossen und spanne[105] [80] jedes körperliche Werkzeug zu dieser schrecklichen Missetat an. Fort, und täusche die Welt[106] durch heiterstes Aussehen: ein falsches Gesicht muß verstecken, was das falsche Herz weiß.

         Sie gehen ab.

ACT II

SCENE I

The same. Court within the castle.

Enter Banquo, and Fleance, with a torch before him.

Ban. How goes the night, boy?
Fle. The moon is down; I have not heard the clock.

Ban. And she goes down at twelve.
Fle.   I take't, 'tis later, Sir.
Ban. Hold, take my sword. – There's husbandry in
                                        heaven;
  Their candles are all out. – Take thee that too.   5
  A heavy summons lies like lead upon me,
  And yet I would not sleep: merciful Powers!
  Restrain in me the cursed thoughts that nature
  Gives way to in repose! – Give me my sword.
        Enter Macbeth, and a servant with a torch.
  Who's there?   10
Macb. A friend.
Ban. What, Sir! not yet at rest? The King's a-bed:
  He hath been in unusual pleasure, and
  Sent forth great largess to your offices.
  This diamond he greets your wife withal,   15
  By the name of most kind hostess, and shut up
  In measureless content.
Macb.   Being unprepar'd,
  Our will became the servant to defect,
  Which else should free have wrought.
Ban.   All's well.
  I dreamt last night of the three Weïrd Sisters: 20
  To you they have show'd some truth.
Macb.   I think not of them:
  Yet, when we can entreat an hour to serve,
  We would spend it in some words upon that business,
  If you would grant the time.

AKT II

SZENE 1

Daselbst. Ein Burghof.

Banquo und Fleance mit einer Fackel treten auf.

Ban. Wie weit ist die Nacht fortgeschritten, mein Junge?

Fle. Der Mond ist untergegangen; die Uhr habe ich nicht gehört.

Ban. Und er geht um zwölf unter.

Fle. Ich nehme an, es ist später, Sir.

Ban. Hier, nimm mein Schwert. – Im Himmel herrscht Sparsamkeit; ihre Kerzen sind alle aus. – Nimm das auch. [5] Eine schwere Aufforderung[1] liegt wie Blei auf mir, und doch will ich nicht schlafen: ihr barmherzigen Mächte! Haltet in mir die verfluchten Gedanken nieder, denen die Natur im Schlaf weicht! – Gib mir mein Schwert.

Macbeth und ein Diener mit einer Fackel treten auf.

Wer da? [10]

Macb. Ein Freund.

Ban. Was, Sir! Noch nicht zur Ruhe gegangen? Der König ist im Bett: er war außerordentlich erfreut und sandte Eurer Dienerschaft[2] große Geschenke. Mit diesem Diamanten grüßt er Eure Frau [15] als die liebenswürdigste Gastgeberin und schloß[3] in maßloser Zufriedenheit.

Macb. Da wir unvorbereitet waren, wurde unser Wille zum Diener der Unvollkommenheit, der sonst frei hätte handeln sollen.

Ban. Alles ist in Ordnung. Ich träumte letzte Nacht von den drei Schicksalsschwestern: [20] Euch gegenüber haben sie einige Wahrhaftigkeit gezeigt.

Macb. Ich denke nicht an sie: doch wenn wir eine Stunde günstig stimmen können, sollten wir sie mit ein paar Worten über diese Angelegenheit verbringen, falls Ihr mir die Zeit gewährt.

Ban.   At your kind'st leisure.

Macb. If you shall cleave to my consent, when 'tis,   25
     It shall make honour for you.

Ban.   So I lose none
     In seeking to augment it, but still keep
     My bosom franchis'd, and allegiance clear,
     I shall be counsell'd.

Macb.   Good repose, the while!

Ban. Thanks, Sir: the like to you.   30

           Exeunt Banquo and Fleance.

Macb. Go, bid thy mistress, when my drink is ready,
     She strike upon the bell. Get thee to bed. –

               Exit Servant.

     Is this a dagger, which I see before me,
     The handle toward my hand? Come, let me clutch
                     thee: –
     I have thee not, and yet I see thee still.   35
     Art thou not, fatal vision, sensible
     To feeling, as to sight? or art thou but
     A dagger of the mind, a false creation,
     Proceeding from the heat-oppressed brain?
     I see thee yet, in form as palpable   40
     As this which now I draw.
     Thou marshall'st me the way that I was going;
     And such an instrument I was to use. –
     Mine eyes are made the fools o'th'other senses,
     Or else worth all the rest: I see thee still;   45
     And on thy blade, and dudgeon, gouts of blood,
     Which was not so before. – There's no such thing.
     It is the bloody business which informs
     Thus to mine eyes. – Now o'er the one half-world
     Nature seems dead, and wicked dreams abuse   50
     The curtain'd sleep: Witchcraft celebrates
     Pale Hecate's off'rings; and wither'd Murther,
     Alarum'd by his sentinel, the wolf,
     Whose howl's his watch, thus with his stealthy pace,
     With Tarquin's ravishing strides, towards his design 55

Ban. Wann immer es Euch beliebt.

Macb. Wenn Ihr Euch an meinen Rat haltet, wenn es soweit ist,[4] [25] soll es Euch Ehre einbringen.

Ban. Vorausgesetzt, daß ich keine verliere, indem ich sie zu vermehren suche,[5] sondern mir immer mein Herz unschuldig und meine Loyalität rein erhalte, werde ich mir raten lassen.

Macb. Angenehme Ruhe derweil!

Ban. Danke, Sir: Euch desgleichen. [30]

        Banquo und Fleance gehen ab.

Macb. Geh, bitte deine Herrin, wenn mein Nachttrunk[6] bereit ist, möge sie die Glocke anschlagen. Geh zu Bett. –

        Der Diener geht ab.

Ist das ein Dolch, was ich vor mir sehe, den Griff meiner Hand zugewandt? Komm, laß mich dich ergreifen: – ich habe dich nicht, und doch sehe ich dich noch immer. [35] Bist du, verhängnisvolle Vision, für das Fühlen nicht wahrnehmbar wie für das Sehen? Bist du nur ein Dolch der Vorstellung, eine unwirkliche Schöpfung, die dem überhitzten Hirn entspringt? Ich sehe dich immer noch, in der Form so deutlich [40] wie dieser, den ich jetzt ziehe. Du führst mich den Weg, den ich gerade gehen wollte, und solch ein Werkzeug wollte ich benutzen. – Meine Augen werden von den anderen Sinnen zum Narren gehalten, oder sie sind mehr wert als der Rest: ich sehe dich immer noch; [45] und auf deiner Klinge, deinem Griff Blutstropfen, was vorher nicht so war. – Da ist nichts dergleichen. Es ist das blutige Geschäft, das solchermaßen vor meinen Augen Form annimmt. – Nun scheint auf der einen Hälfte der Welt die Natur tot zu sein, und ruchlose Träume schänden[7] [50] den verhängten Schlaf[8]: Hexendienst feiert die Riten der bleichen Hekate;[9] und dürrer Mord, von seinem Wachtposten, dem Wolf, alarmiert, dessen Heulen sein Wächterruf ist, bewegt sich so verstohlenen Fußes, mit Tarquinius' schändenden Schritten,[10] auf sein Vorhaben

Moves like a ghost. – Thou sure and firm-set earth,
Hear not my steps, which way they walk, for fear
Thy very stones prate of my where-about,
And take the present horror from the time,
Which now suits with it. – Whiles I threat, he lives: 60
Words to the heat of deeds too cold breath gives.

A bell rings.

I go, and it is done: the bell invites me.
Hear it not, Duncan; for it is a knell
That summons thee to Heaven, or to Hell.
                    Exit.

SCENE II

The same.

Enter Lady Macbeth.

Lady M. That which hath made them drunk hath made me
                              bold:
       What hath quench'd them hath given me fire. – Hark!
                              – Peace!
       It was the owl that shriek'd, the fatal bellman,
       Which gives the stern'st good-night. He is about it.
       The doors are open; and the surfeited grooms   5
       Do mock their charge with snores: I have drugg'd their
                              possets,
       That Death and Nature do contend about them,
       Whether they live, or die.
Macb. [*Within.*]   Who's there? – what, ho!
Lady M. Alack! I am afraid they have awak'd,
       And 'tis not done: – th'attempt and not the deed   10
       Confounds us. – Hark! – I laid their daggers ready;
       He could not miss 'em. – Had he not resembled
       My father as he slept, I had done't. – My husband!

Enter Macbeth.

zu [55] wie ein Geist. – Du sichere und festgefügte Erde,
höre nicht, wohin meine Schritte gehen, aus Furcht, deine
bloßen Steine könnten meinen Aufenthalt ausplappern[11]
und das gegenwärtige Grauen von der Zeit nehmen,
welches jetzt mit ihr übereinstimmt. – Während ich dro-
he, lebt er: [60] Worte geben[12] der Hitze der Taten einen
zu kalten Atem.

Eine Glocke läutet.

Ich gehe, und es ist getan: die Glocke lädt mich ein. Hör
sie nicht, Duncan; denn es ist ein Totengeläut, das dich
in den Himmel oder die Hölle abberuft.

Er geht ab.

SZENE 2

Daselbst.

Lady Macbeth tritt auf.

Lady M. Das, was sie betrunken gemacht hat, hat mich
kühn gemacht: was sie ausgelöscht[13] hat, hat mir Feuer
gegeben. – Horch! – Still! Es war die Eule, die da
schrie, der Todesbote,[14] der das unerbittlichste Gutenacht
entbietet. Jetzt ist er dabei. Die Türen sind offen; und
die übervollen Kämmerer [5] spotten ihres Amtes mit
Schnarchen: ich habe ihren Nachttrunk[15] vergiftet, so daß
Tod und Natur um sie kämpfen, ob sie leben sollen
oder sterben.

Macb. (im Innern). Wer da? – Was, heda!
Lady M. O weh! Ich fürchte, sie sind erwacht, und es ist
nicht getan: – der Versuch und nicht die Tat [10] richtet
uns zugrunde. – Horch! – Ich habe ihre Dolche bereit-
gelegt; er konnte sie nicht übersehen. – Hätte er nicht im
Schlaf meinem Vater geähnelt, ich hätte es getan. –
Mein Mann!

Macbeth tritt auf.

Macb. I have done the deed. – Didst thou not hear a
                                  noise?

Lady M. I heard the owl scream, and the crickets cry.   15
    Did not you speak?

Macb.   When?

Lady M.   Now.

Macb.   As I descended?

Lady M. Ay.

Macb. Hark!
    Who lies i'th'second chamber?

Lady M.   Donalbain.

Macb. This is a sorry sight.   20

Lady M. A foolish thought to say a sorry sight.

Macb. There's one did laugh in's sleep, and one cried,
                          'Murther!'
    That they did wake each other: I stood and heard
                          them;
    But they did say their prayers, and address'd them
    Again to sleep.

Lady M.   There are two lodg'd together.   25

Macb. One cried, 'God bless us!' and, 'Amen,' the other,
    As they had seen me with these hangman's hands.
    List'ning their fear, I could not say, 'Amen,'
    When they did say, 'God bless us.'

Lady M.   Consider it not so deeply.

Macb. But wherefore could not I pronounce 'Amen'?   30
    I had most need of blessing, and 'Amen'
    Stuck in my throat.

Lady M.   These deeds must not be thought
    After these ways: so, it will make us mad.

Macb. Methought, I heard a voice cry, 'Sleep no more!
    Macbeth does murther Sleep,' – the innocent Sleep;   35
    Sleep, that knits up the ravell'd sleave of care,
    The death of each day's life, sore labour's bath,

Macb. Ich habe die Tat getan. – Hast du nicht ein Geräusch gehört?

Lady M. Ich hörte die Eule kreischen und die Heimchen[16] rufen. [15] Habt Ihr nicht gesprochen?

Macb. Wann?

Lady M. Eben.

Macb. Als ich herunterkam?

Lady M. Ja.

Macb. Horch! Wer liegt in der zweiten Kammer?

Lady M. Donalbain.

Macb. Dies ist ein trauriger Anblick. [20]

Lady M. Ein törichter Gedanke zu sagen: ein trauriger Anblick.

Macb. Einer lachte im Schlaf, und einer schrie: »Mord!«, so daß sie einander aufweckten: ich stand und hörte sie; aber sie sagten ihre Gebete und schickten sich wieder an zu schlafen.

Lady M. Dort sind zwei zusammen untergebracht.[17] [25]

Macb. Einer rief: »Gott behüte uns!« und »Amen« der andere, als ob sie mich mit diesen Henkershänden gesehen hätten. Als ich ihre Furcht hörte, konnte ich nicht »Amen« sagen, als sie »Gott behüte uns« sagten.

Lady M. Denkt nicht so tief darüber nach.

Macb. Aber warum konnte ich nicht das Amen aussprechen? [30] Ich brauchte den Segen am meisten, und »Amen« blieb mir in der Kehle stecken.

Lady M. An diese Taten darf man nicht auf diese Weise denken: so wird es uns verrückt machen.

Macb. Mir war, als hörte ich eine Stimme rufen: »Schlaft nicht mehr! Macbeth mordet den Schlaf!« – den unschuldigen Schlaf; [35] Schlaf, der das verwirrte Knäuel[18] der Sorgen aufstrickt, der Tod von eines jeden Tages Leben, der schweren Arbeit Bad, Balsam verletzter Seelen,

Balm of hurt minds, great Nature's second course,
Chief nourisher in life's feast; —

Lady M.   What do you mean?

Macb. Still it cried, 'Sleep no more!' to all the house: 40
    'Glamis hath murther'd Sleep, and therefore Cawdor
    Shall sleep no more, Macbeth shall sleep no more!'

Lady M. Who was it that thus cried? Why, worthy Thane,
    You do unbend your noble strength, to think
    So brainsickly of things. Go, get some water,   45
    And wash this filthy witness from your hand. —
    Why did you bring these daggers from the place?
    They must lie there: go, carry them, and smear
    The sleepy grooms with blood.

Macb.   I'll go no more:
    I am afraid to think what I have done;   50
    Look on't again I dare not.

Lady M.   Infirm of purpose!
    Give me the daggers. The sleeping, and the dead,
    Are but as pictures; 'tis the eye of childhood
    That fears a painted devil. If he do bleed,
    I'll gild the faces of the grooms withal,   55
    For it must seem their guilt.

                Exit. — Knocking within.

Macb.   Whence is that knocking? —
    How is't with me, when every noise appals me?
    What hands are here? Ha! they pluck out mine eyes.
    Will all great Neptune's ocean wash this blood
    Clean from my hand? No, this my hand will rather 60
    The multitudinous seas incarnadine,
    Making the green one red.

                Re-enter Lady Macbeth.

Lady M. My hands are of your colour; but I shame
    To wear a heart so white. [*Knock.*] I hear a knocking
    At the south entry: — retire we to our chamber.   65
    A little water clears us of this deed:
    How easy is it then! Your constancy

zweiter Gang[19] der großen Natur, Hauptnahrung im
Festmahl des Lebens; –

Lady M. Was meint Ihr?

Macb. Immer noch rief es: »Schlaft nicht mehr!« dem
ganzen Hause zu: [40] »Glamis hat den Schlaf gemordet,
und deshalb soll Cawdor nicht mehr schlafen, Macbeth
soll nicht mehr schlafen!«

Lady M. Wer war es, der so schrie? Wirklich, werter Than,
Ihr laßt Eure edle Stärke erschlaffen[20], wenn Ihr die
Dinge auf so wahnsinnige Art betrachtet. Geht, holt
Euch Wasser [45] und wascht dieses schmutzige Zeugnis
von Eurer Hand. – Warum habt Ihr diese Dolche von
dort mitgebracht? Sie müssen dort liegen: geht, bringt sie
zurück und beschmiert die schlafenden Diener mit Blut.

Macb. Ich gehe nicht mehr. Ich fürchte mich, darüber nachzudenken, was ich getan habe; [50] es noch einmal anzusehen, wage ich nicht.

Lady M. Wie wenig zielstrebig! Gebt mir die Dolche. Die
Schlafenden und die Toten sind nur wie Bilder; es ist
das Auge der Kindheit, das einen gemalten Teufel fürchtet. Wenn er blutet, will ich die Gesichter der Diener
damit vergolden[21], [55] denn es muß wie ihre Schuld
aussehen.

Sie geht ab. – Klopfen im Innern.

Macb. Woher kommt das Klopfen? – Wie steht es um mich,
wenn mich jedes Geräusch entsetzt? Was für Hände haben wir hier? Ha! Sie reißen mir meine Augen aus. Wird
aller Ozean des großen Neptun dieses Blut völlig von
meiner Hand abwaschen? Nein, diese meine Hand wird
eher [60] die vielzähligen Meere fleischrot[22] färben und
das Grün zu einem einzigen Rot machen.

Lady Macbeth tritt wieder auf.

Lady M. Meine Hände sind von Eurer Farbe, aber ich
schäme mich, ein so weißes Herz[23] zu tragen. *(Es klopft.)*
Ich höre ein Klopfen am Südeingang: – ziehen wir uns
in unsere Schlafkammer zurück. [65] Ein wenig Wasser
reinigt uns von dieser Tat: wie einfach ist es dann! Eure

Hath left you unattended. – [*Knock.*] Hark! more
                                                 knocking.
Get on your night-gown, lest occasion call us,
And show us to be watchers. – Be not lost   70
So poorly in your thoughts.
Macb. To know my deed, 'twere best not know myself.
                    Knock.
Wake Duncan with thy knocking: I would thou
                                             couldst!

                    Exeunt.

                    SCENE III
                    The same.

                    Enter a Porter.

                    Knocking within.

Porter. Here's a knocking, indeed! If a man were Porter of
Hell Gate, he should have old turning the key.
[*Knocking.*] Knock, knock, knock. Who's there, i'th'name
of Belzebub? – Here's a farmer, that hang'd himself on
th'expectation of plenty: come in, [5] time-pleaser; have
napkins enow about you; here you'll sweat for't.
[*Knocking.*] Knock, knock. Who's there, i'th'other devil's
name? – Faith, here's an equivocator, that could swear
in both the scales against either scale; who committed
treason enough for God's sake, [10] yet could not equi-
vocate to heaven: O! come in, equivocator. [*Knocking.*]
Knock, knock, knock. Who's there? – Faith, here's an
English tailor come hither for stealing out of a French
hose: come in, tailor; here you may roast your goose.
[*Knocking.*] [15] Knock, knock. Never at quiet! What
are you? – But this place is too cold for Hell. I'll devil-

Standhaftigkeit hat Euch im Stich gelassen. – *(Es klopft.)*
Horcht! Es klopft erneut. Zieht Euer Hausgewand[24] an,
damit man nicht sieht, falls man uns aus irgendeinem
Grund ruft, daß wir nicht geschlafen haben. – Seid nicht
so niedergeschlagen in Eure Gedanken verloren. [71]

Macb. Meine Tat kennend, wäre es am besten, ich kennte
mich selbst nicht.[25] *(Klopfen.)* Wecke Duncan mit deinem
Klopfen: ich wünschte, du könntest es!

Sie gehen ab.

SZENE 3

Daselbst.

Ein Pförtner tritt auf.

Klopfen im Innern.

Pförtner. Das ist ein Geklopfe, also wirklich! Wenn jemand Pförtner am Höllentor wäre, hätte er ganz schön
den Schlüssel zu drehen. *(Klopfen.)* Klopf, klopf, klopf.
Wer ist da, in Beelzebubs Namen? – Ein Bauer, der sich
in der Erwartung eines Überschusses[26] aufhängte: kommt
rein, [5] Opportunist, bringt genug Taschentücher mit,
hier werdet Ihr dafür schwitzen. *(Klopfen.)* Klopf, klopf.
Wer ist da, im Namen des andern Teufels? – Fürwahr,
ein doppelzüngiger Jesuit,[27] der in beiden Waagschalen
gegen jede der beiden Waagschalen schwören konnte; der
um Gottes willen Verrat genug beging [10] und doch vor
dem Himmel keine Ausflüchte machen konnte[28]: Oh!
Kommt herein, Wortverdreher. *(Klopfen.)* Klopf, klopf,
klopf. Wer ist da? – Wahrhaftig, ein englischer Schneider, hierher gekommen, weil er aus einer französischen
Hose[29] gestohlen hat: kommt herein, Schneider, hier
könnt Ihr Eure Gans[30] braten. *(Klopfen.)* [15] Klopf,
klopf. Keine Ruhe. Was seid Ihr? – Aber dieser Ort ist
zu kalt für die Hölle. Ich will nicht länger teufelspfört-

porter it no further: I had thought to have let in some
of all professions, that go the primrose way to th'ever-
lasting bonfire. [*Knocking.*] Anon, anon: I pray you,
[20] remember the Porter.

Opens the gate.
Enter Macduff and Lenox.

Macd. Was it so late, friend, ere you went to bed,
   That you do lie so late?
Port. Faith, Sir, we were carousing till the second cock;
   and drink, Sir, is a great provoker of three things. [25]

Macd. What three things does drink especially provoke?
Port. Marry, Sir, nose-painting, sleep, and urine. Lechery,
   Sir, it provokes, and unprovokes: it provokes the desire,
   but it takes away the performance. [29] Therefore, much
   drink may be said to be an equivocator with lechery:
   it makes him, and it mars him; it sets him on, and it
   takes him off; it persuades him, and disheartens him;
   makes him stand to, and not stand to: in conclusion,
   equivocates him in a sleep, and, giving him the lie, leaves
   him. [35]

Macd. I believe, drink gave thee the lie last night.

Port. That it did, Sir, i'the very throat on me: but I re-
   quited him for his lie; and (I think) being too strong
   for him, though he took up my legs sometime, yet I
   made a shift to cast him. [40]
Macd. Is thy master stirring?

Enter Macbeth.

   Our knocking has awak'd him; here he comes.
Len. Good morrow, noble Sir!
Macb.   Good morrow, both!
Macd. Is the King stirring, worthy Thane?
Macb.   Not yet.
Macd. He did command me to call timely on him: 45
   I have almost slipp'd the hour.

nern: ich hatte vor, ein paar von allen Berufen herein-
zulassen, die den Rosenpfad zum ewigen Freudenfeuer
gehen. *(Klopfen.)* Gleich, gleich: ich bitte Euch, [20]
denkt an den Pförtner.

Er öffnet das Tor.
Macduff und Lenox treten auf.

Macd. War es so spät, Freund, ehe Ihr zu Bett gingt, daß
Ihr so spät noch liegt?

Pförtner. Wahrhaftig, Sir, wir haben bis zum zweiten
Hahnenschrei gezecht; und das Trinken, Sir, ist ein großer Hervorrufer von drei Dingen. [25]

Macd. Welche drei Dinge ruft das Trinken besonders hervor?

Pförtner. Nun, Sir, Nasenfärben, Schlaf und Urin. Geilheit, Sir, ruft es hervor und ruft es weg: es ruft das Begehren hervor, aber die Ausführung verhindert es. [29]
Deswegen kann man sagen, daß vieles Trinken mit der
Geilheit[31] wie ein doppelzüngiger Jesuit verfährt: es be-
wirkt sie, und es vereitelt sie; es setzt sie an, und es
bringt sie ab; es überredet sie, und es entmutigt sie; es
schickt sie an die Gewehre und läßt sie umfallen: kurz
gesagt, belügt sie im Schlaf[32] und, indem es sie Lügen
straft,[33] verläßt es sie. [35]

Macd. Ich glaube, das Trinken hat dich letzte Nacht Lügen gestraft.

Pförtner. Das tat es, Sir, mir in meinen Hals: aber ich ver-
galt ihm seine Lüge. Und da ich, wie ich glaube, zu
stark für es bin, gelang es mir, obwohl es manchmal
meine Beine hochnahm, es zu werfen. [40]

Macd. Ist dein Herr auf?

Macbeth tritt auf.

Unser Klopfen hat ihn aufgeweckt; hier kommt er.

Len. Guten Morgen, edler Sir!

Macb. Guten Morgen, beide!

Macd. Ist der König aufgestanden, werter Than?

Macb. Noch nicht.

Macd. Er befahl mir, ihn frühzeitig aufzusuchen: [45] ich
habe beinahe die Zeit versäumt.

Macb.   I'll bring you to him.
Macd. I know, this is a joyful trouble to you;
    But yet 'tis one.
Macb. The labour we delight in physics pain.
    This is the door.
Macd.   I'll make so bold to call,   50
    For 'tis my limited service.
                Exit.
Len. Goes the King hence to-day?
Macb.   He does: – he did appoint so.
Len. The night has been unruly: where we lay,
    Our chimneys were blown down; and, as they say,
    Lamentings heard i'th'air; strange screams of death, 55
    And, prophesying with accents terrible
    Of dire combustion, and confus'd events,
    New hatch'd to th'woeful time, the obscure bird
    Clamour'd the livelong night: some say, the earth
    Was feverous, and did shake.
Macb.   'Twas a rough night.   60
Len. My young remembrance cannot parallel
    A fellow to it.
             Re-enter Macduff.
Macd.   O horror! horror! horror!
    Tongue nor heart cannot conceive, nor name thee!
Macb., Len. What's the matter?
Macd. Confusion now hath made his masterpiece!   65
    Most sacrilegious Murther hath broke ope
    The Lord's anointed Temple, and stole thence
    The life o'th'building!
Macb.   What is't you say? the life?
Len. Mean you his Majesty?
Macd. Approach the chamber, and destroy your sight   70
    With a new Gorgon. – Do not bid me speak:
    See, and then speak yourselves. –
        Exeunt Macbeth and Lenox.
                Awake! awake! –
    Ring the alarum-bell. – Murther, and treason!

Macb. Ich bringe Euch zu ihm.

Macd. Ich weiß, dies ist für Euch eine freudige Mühe, aber
dennoch ist es eine.

Macb. Die Arbeit, an der wir Freude haben, behebt die
Mühe. Dies ist die Tür.

Macd. Ich erkühne mich, vorzusprechen, [50] denn das ist
mein festgesetzter Auftrag.

Er geht ab.

Len. Geht der König heute von hier fort?

Macb. Ja: – so hat er es angeordnet.

Len. Die Nacht war stürmisch: wo wir schliefen, sind unsere Schornsteine heruntergeweht worden; und, wie sie
sagen, hat man Wehklagen in der Luft gehört, seltsame
Todesschreie, [55] und mit schrecklicher Stimme von töd-
lichem Aufruhr und verworrenen Ereignissen prophe-
zeiend, der jammervollen Zeit frisch ausgebrütet, lärmte
der nächtliche Vogel die liebe lange Nacht. Einige sagen,
die Erde habe im Fieber gelegen und gebebt.

Macb. Es war eine rauhe Nacht. [60]

Len. Meine junge Erinnerung kann kein Gegenstück zu ihr
anführen.

Macduff tritt wieder auf.

Macd. O Grauen! Grauen! Grauen! Weder Zunge noch
Herz können dich fassen oder nennen!

Macb., Len. Was ist geschehen?

Macd. Die Vernichtung hat jetzt ihr Meisterstück vollbracht! [65] Höchst kirchenschänderischer Mord hat den
gesalbten Tempel[34] des Herren aufgebrochen und von
dort das Leben des Gebäudes gestohlen.

Macb. Was sagt Ihr da? Das Leben?

Len. Meint Ihr Seine Majestät?

Macd. Nähert Euch der Kammer und zerstört Euer Auge
[70] durch eine neue Gorgo[35]. – Heißt mich nicht sprechen: seht und dann sprecht selbst. –

Macbeth und Lenox gehen ab.

Erwacht! Erwacht! – Läutet die Alarmglocke. – Mord
und Verrat! Banquo und Donalbain! Malcolm, erwacht!

    Banquo, and Donalbain! Malcolm, awake!
    Shake off this downy sleep, death's counterfeit,   75
    And look on death itself! – up, up, and see
    The great doom's image! – Malcolm! Banquo!
    As from your graves rise up, and walk like sprites,
    To countenance this horror!
                Bell rings.
           Enter Lady Macbeth.

Lady M.   What's the business,
    That such a hideous trumpet calls to parley   80
    The sleepers of the house? speak, speak!

Macd.   O gentle lady,
    'Tis not for you to hear what I can speak:
    The repetition, in a woman's ear,
    Would murther as it fell.
             Enter Banquo.
           O Banquo! Banquo!
    Our royal master's murther'd!

Lady M.   Woe, alas!   85
    What! in our house?

Ban.   Too cruel, anywhere.
    Dear Duff, I pr'ythee, contradict thyself,
    And say, it is not so.
        Re-enter Macbeth and Lenox.

Macb. Had I but died an hour before this chance,
    I had liv'd a blessed time; for, from this instant,   90
    There's nothing serious in mortality;
    All is but toys: renown, and grace, is dead;
    The wine of life is drawn, and the mere lees
    Is left this vault to brag of.

        Enter Malcolm and Donalbain.

Don. What is amiss?

Macb.   You are, and do not know't: 95
    The spring, the head, the fountain of your blood
    Is stopp'd; the very source of it is stopp'd.

Macd. Your royal father's murther'd.

Schüttelt ab diesen daunigen Schlaf,[36] Abbild des Todes,
[75] und schaut den Tod selbst! – Auf, auf und seht das
Bild des großen Gerichts! – Malcolm, Banquo! Wie aus
euren Gräbern steht auf und wandelt wie Geister, um
euch diesem Grauen anzupassen![37]

Eine Glocke läutet.
Lady Macbeth tritt auf.

Lady M. Was ist der Anlaß, daß solch eine schreckliche
Trompete[38] die Schläfer des Hauses zur Verhandlung
ruft? Sprecht, sprecht! [81]

Macd. O edle Frau, es ist nicht für Eure Ohren, was ich
sagen kann: die Wiederholung, in Hörweite einer Frau,
würde morden, kaum daß sie gefallen.

Banquo tritt auf.

O Banquo! Banquo! Unser königlicher Herr ist ermordet!

Lady M. Wehe, ach! [85] Was! In unserem Haus?

Ban. Zu grausam, wo auch immer. Lieber Duff, ich bitte
dich, widersprich dir selbst und sag, es ist nicht wahr.

Macbeth und Lenox treten wieder auf.

Macb. Wäre ich doch nur eine Stunde vor diesem Schick-
salsschlag gestorben, dann hätte ich eine gesegnete Zeit
verlebt; denn von diesem Augenblick an [90] enthält das
Irdische nichts mehr von Belang; alles ist nur noch
Spielerei: Ehre und Tugend sind tot, der Wein des Lebens ist abgezapft und der bloße Bodensatz bleibt diesem Kellergewölbe übrig, um davon zu prahlen.

Malcolm und Donalbain treten auf.

Don. Was ist nicht in Ordnung?

Macb. Ihr, und wißt es nicht: [95] der Ursprung, der
Brunnen[39] Eures Blutes ist versiegt, seine eigentliche
Quelle ist versiegt.

Macd. Euer königlicher Vater ist ermordet.

Mal.   O! by whom?
Len. Those of his chamber, as it seem'd, had done't:
Their hands and faces were all badg'd with blood;   100
So were their daggers, which, unwip'd, we found
Upon their pillows: they star'd, and were distracted;
No man's life was to be trusted with them.

Macb. O! yet I do repent me of my fury,
That I did kill them.
Macd.   Wherefore did you so?   105
Macb. Who can be wise, amaz'd, temperate and furious,
Loyal and neutral, in a moment? No man:
Th'expedition of my violent love
Outrun the pauser, reason. – Here lay Duncan,
His silver skin lac'd with his golden blood;   110
And his gash'd stabs look'd like a breach in nature
For ruin's wasteful entrance: there, the murtherers,
Steep'd in the colours of their trade, their daggers
Unmannerly breech'd with gore. Who could refrain,
That had a heart to love, and in that heart   115
Courage, to make's love known?

Lady M.   Help me hence, ho!
Macd. Look to the Lady.
Mal. [*Aside to Don.*]
Why do we hold our tongues, that most may claim
This argument for ours?
Don. [*Aside to Mal.*]   What should be spoken
Here, where our fate, hid in an auger-hole,   120
May rush, and seize us? Let's away:
Our tears are not yet brew'd.
Mal. [*Aside to Don.*]   Nor our strong sorrow
Upon the foot of motion.
Ban.   Look to the Lady: –
Lady Macbeth is carried out.
And when we have our naked frailties hid,
That suffer in exposure, let us meet,   125

Mal. Oh! Von wem?

Len. Die seiner Kammer, wie es schien, haben es getan: ihre Hände und Gesichter waren ganz mit Blut gekennzeichnet;[40] [100] gleichfalls ihre Dolche, die wir unabgewischt auf ihren Kissen fanden. Sie starrten und waren außer sich; man durfte ihnen keines Menschen Leben anvertrauen.

Macb. Oh! Dennoch bereue ich meinen Zorn, daß ich sie tötete.

Macd. Warum habt Ihr das getan? [105]

Macb. Wer kann weise, bestürzt, gemäßigt und wütend, loyal und unparteiisch sein in einem Augenblick? Kein Mensch: die Schnelligkeit meiner heftigen Liebe ließ den Zögerer Vernunft hinter sich. – Hier lag Duncan, seine silberne Haut mit den Spitzen seines goldenen Blutes besetzt;[41] [110] und seine klaffenden Stiche sahen aus wie eine Bresche in der Natur als Zugang für das zerstörerische Verderben. Dort die Mörder, eingetaucht in die Farben ihres Handwerks, ihre Dolche rüde mit Blut überzogen.[42] Wer, der ein Herz zu lieben und in diesem Herzen Mut hat, könnte davon abstehen, seine Liebe kund zu tun? [116]

Lady M. Helft mir fort, ah!

Macd. Kümmert euch um die Lady.

Mal. (beiseite zu Don). Warum halten wir unseren Mund, die wir dieses Thema am ehesten für uns beanspruchen dürfen?

Don. (beiseite zu Mal.). Was sollte man hier sagen, wo unser Untergang, in einem Bohrloch[43] versteckt, [120] vorwärtsstürzen und uns überwältigen kann? Laßt uns fort: unsere Tränen sind noch nicht gebraut.

Mal. (beiseite zu Don.). Und unser starkes Leid noch nicht auf freiem Fuß.

Ban. Kümmert euch um die Lady. –

      Lady Macbeth wird hinausgetragen.

Und wenn wir unsere nackte Schwäche versteckt haben, die ungeschützt leidet, dann wollen wir uns treffen [125]

And question this most bloody piece of work,
To know it further. Fears and scruples shake us:
In the great hand of God I stand; and thence
Against the undivulg'd pretence I fight
Of treasonous malice.

Macd.   And so do I.

All.   So all.   130

Macb. Let's briefly put on manly readiness,
And meet i'th'hall together.

All.   Well contented.

            Exeunt all but Malcolm and Donalbain.

Mal. What will you do? Let's not consort with them:
To show an unfelt sorrow is an office
Which the false man does easy. I'll to England.   135

Don. To Ireland, I: our separated fortune
Shall keep us both the safer; where we are,
There's daggers in men's smiles: the near in blood,
The nearer bloody.

Mal.   This murtherous shaft that's shot
Hath not yet lighted, and our safest way   140
Is to avoid the aim: therefore, to horse;
And let us not be dainty of leave-taking,
But shift away. There's warrant in that theft
Which steals itself, when there's no mercy left.

                    Exeunt.

SCENE IV

Without the castle.

Enter Rosse and an Old Man.

Old M. Threescore and ten I can remember well;
Within the volume of which time I have seen
Hours dreadful, and things strange, but this sore night
Hath trifled former knowings.

und dieses höchst blutige Stück Arbeit erkunden, um
mehr darüber zu erfahren. Ängste und Zweifel schütteln
uns: ich stehe in der großen Hand Gottes, und von dort-
her kämpfe ich gegen den noch nicht enthüllten Anschlag verräterischer Bosheit.

Macd. Dies tue auch ich.

Alle. Wir alle. [130]

Macb. Laßt uns schnell männliche Gerüstetheit[44] anlegen und
uns in der Halle treffen.

Alle. Einverstanden.

Alle gehen ab bis auf Malcolm und Donalbain.

Mal. Was werdet Ihr tun? Wir wollen uns nicht zu ihnen
gesellen: ein nicht gefühltes Leid zu zeigen, ist ein
Dienst, den der falsche Mann leicht leistet. Ich will nach
England. [135]

Don. Nach Irland ich: unser getrenntes Geschick soll uns
beide um so sicherer sein lassen. Wo wir sind, da sind
Dolche im Lächeln der Männer: je näher im Blut,[45] desto
eher blutig.

Mal. Dieser mörderische Pfeil, der abgeschossen ist, ist noch
nicht herabgefallen, und unser sicherster Weg [140] ist,
das Ziel zu meiden. Deshalb zu Pferde; auch wollen wir
es mit dem Verabschieden nicht zu genau nehmen, sondern uns fortstehlen. Der Diebstahl ist gerechtfertigt, der
sich selber stiehlt, wenn es keine Barmherzigkeit mehr
gibt.

Sie gehen ab.

SZENE 4

Außerhalb des Schlosses.

Rosse und ein alter Mann treten auf.

Alter M. An siebzig Jahre kann ich mich gut erinnern; in
deren Zeitraum habe ich schreckliche Stunden und seltsame Dinge gesehen, aber diese schlimme Nacht hat frü-
here Erfahrungen belanglos gemacht.

Rosse.   Ha, good Father,
 Thou seest the heavens, as troubled with man's act,   5
 Threatens his bloody stage: by th'clock 'tis day,
 And yet dark night strangles the travelling lamp.
 Is't night's predominance, or the day's shame,
 That darkness does the face of earth entomb,
 When living light should kiss it?

Old M.   'Tis unnatural,   10
 Even like the deed that's done. On Tuesday last,
 A falcon, towering in her pride of place,
 Was by a mousing owl hawk'd at, and kill'd.

Ross. And Duncan's horses (a thing most strange and
           certain)
 Beauteous and swift, the minions of their race,   15
 Turn'd wild in nature, broke their stalls, flung out,
 Contending 'gainst obedience, as they would make
 War with mankind.
Old M.   'Tis said, they eat each other.
Rosse. They did so; to th'amazement of mine eyes,
 That look'd upon't.
      Enter Macduff.
      Here comes the good Macduff.   20
 How goes the world, Sir, now?
Macd.   Why, see you not?
Rosse. Is't known, who did this more than bloody deed?

Macd. Those that Macbeth hath slain.
Rosse.   Alas, the day!
 What good could they pretend?
Macd.   They were suborn'd.
 Malcolm, and Donalbain, the King's two sons,   25
 Are stol'n away and fled; which puts upon them
 Suspicion of the deed.
Rosse.   'Gainst nature still:
 Thriftless Ambition, that will ravin up

Rosse. Ha, guter Vater, du siehst, der Himmel, wie wenn er von den Handlungen der Menschen erregt wäre, [5] bedroht ihre blutige Bühne[46]: der Uhr nach ist es Tag, und dennoch erstickt dunkle Nacht die reisende[47] Himmelsleuchte.[48] Liegt es an der Vorherrschaft der Nacht oder der Scham des Tages, daß Dunkelheit das Gesicht der Erde begräbt, wenn lebendiges Licht es küssen sollte?

Alter M. Es ist unnatürlich, [10] genauso wie die Tat, die verübt worden ist. Vergangenen Dienstag wurde ein Falke, der zum Scheitelpunkt seiner Flugbahn aufkreiste,[49] von einer mäusejagenden Eule im Fluge angegriffen und getötet.

Rosse. Und Duncans Pferde (eine höchst merkwürdige und unbestreitbare Tatsache), schön und schnell, die Lieblinge ihrer Rasse,[50] [15] wurden wild von Natur, brachen aus ihren Boxen, schlugen aus[51] und kämpften gegen den Gehorsam, als[52] wollten sie mit der Menschheit Krieg führen.

Alter M. Man sagt, sie fraßen einander.

Rosse. Das taten sie wirklich, zum Staunen meiner Augen, die dem zusahen. [20]

> *Macduff tritt auf.*

Hier kommt der gute Macduff. Wie steht es jetzt mit der Welt, Sir?

Macd. Was, seht Ihr es nicht?

Rosse. Weiß man, wer diese mehr als blutige Tat verübt hat?

Macd. Die, die Macbeth erschlagen hat.

Rosse. O jammervoller Tag! Was meinten sie damit zu gewinnen?

Macd. Sie wurden angestiftet. Malcolm und Donalbain, die beiden Söhne des Königs, [25] haben sich fortgestohlen und sind geflohen; was den Tatverdacht auf sie lenkt.

Rosse. Noch mehr gegen die Natur: verschwenderischer Ehrgeiz, der gierig die Mittel deines eignen Lebens ver-

Thine own life's means! – Then 'tis most like
The sovereignty will fall upon Macbeth.   30
Macd. He is already nam'd, and gone to Scone
To be invested.
Rosse.   Where is Duncan's body?
Macd. Carried to Colme-kill,
The sacred storehouse of his predecessors,
And guardian of their bones.
Rosse.   Will you to Scone?   35
Macd. No cousin; I'll to Fife.
Rosse.   Well, I will thither.
Macd. Well, may you see things well done there: – adieu! –
Lest our old robes sit easier than our new!

Rosse. Farewell, Father.
Old M. God's benison go with you; and with those   40
That would make good of bad, and friends of foes!
                    Exeunt.

schlingt! – Dann ist es höchst wahrscheinlich, daß die Herrscherwürde an Macbeth fallen wird. [30]

Macd. Er ist bereits gewählt und zur Einsetzung nach Scone[53] gegangen.

Rosse. Wo ist Duncans Leiche?

Macd. Nach Colme-kill[54] gebracht, dem heiligen Aufbewahrungsort seiner Vorgänger und Wächter ihrer Gebeine.

Rosse. Wollt Ihr nach Scone? [35]

Macd. Nein, Vetter, ich gehe nach Fife.

Rosse. Nun, ich will dorthin gehen.

Macd. Nun, mögt Ihr sehen, daß dort die Sache gut gemacht wird: – Adieu! – Damit unsere alten Kleider nicht bequemer sitzen als unsere neuen!

Rosse. Lebt wohl, Vater.

Alter M. Gottes Segen sei mit Euch; und mit denen, die Gutes aus Bösem und Freunde aus Feinden machen wollen! [41]

Sie gehen ab.

ACT III

SCENE I

Forres. A room in the palace.

Enter Banquo.

Ban. Thou hast it now, King, Cawdor, Glamis, all,
    As the Weïrd Women promis'd; and, I fear,
    Thou play'dst most foully for't; yet it was said,
    It should not stand in thy posterity;
    But that myself should be the root and father   5
    Of many kings. If there come truth from them
    (As upon thee, Macbeth, their speeches shine),
    Why, by the verities on thee made good,
    May they not be my oracles as well,
    And set me up in hope? But, hush; no more.   10

*Sennet sounded. Enter Macbeth as King; Lady Macbeth, as
    Queen; Lenox, Rosse, Lords and Attendants.*

Macb. Here's our chief guest.

Lady M.   If he had been forgotten,
    It had been as a gap in our great feast,
    And all-thing unbecoming.

Macb. To-night we hold a solemn supper, Sir,
    And I'll request your presence.

Ban.   Let your Highness   15
    Command upon me, to the which my duties
    Are with a most indissoluble tie
    For ever knit.

Macb. Ride you this afternoon?

Ban.   Ay, my good Lord.

Macb. We should have else desir'd your good advice   20
    (Which still hath been both grave and prosperous)
    In this day's council; but we'll take to-morrow.
    Is't far you ride?

Ban. As far, my Lord, as will fill up the time
    'Twixt this and supper: go not my horse the better,   25

AKT III

SZENE 1

Forres. Ein Raum im Königsschloß.

Banquo tritt auf.

Ban. Du hast es nun, König, Cawdor, Glamis, alles, wie
es die Schicksalsfrauen versprachen; und ich fürchte, du
hast auf höchst schändliche Weise darum gespielt.[1] Doch
es wurde gesagt, es solle nicht auf deine Nachkommenschaft übergehen; [4] sondern daß ich selbst die Wurzel
und der Vater vieler Könige sein solle. Falls von ihnen
Wahrheit kommt (wie an dir, Macbeth, ihre Worte er-
hellen), warum, bei den Wahrheiten, die sich an dir be-
stätigten, können sie nicht ebensogut mein Orakel sein
und mich erhöhen in der Hoffnung? Doch ruhig, nichts
mehr davon. [10]

*Ein Trompetensignal.[2] Macbeth tritt auf als König, Lady
Macbeth als Königin, Lenox, Rosse, Lords und Gefolge.*

Macb. Hier ist unser vornehmster Gast.

Lady M. Wenn er vergessen worden wäre, wäre es wie eine
Lücke in unserm großen Fest gewesen und in jeder Weise
ungehörig.

Macb. Heute abend halten wir ein feierliches Nachtmahl,
Sir, und ich bitte um Eure Anwesenheit.

Ban. Eure Hoheit verfüge [15] über mich,[3] an die meine
Pflichten mit einem völlig unauflösbaren Band für immer geknüpft sind.

Macb. Reitet Ihr heute nachmittag?

Ban. Ja, edler Herr.

Macb. Wir hätten sonst Euren guten Rat [20] (der immer
sowohl bedacht wie nutzbringend gewesen ist) im heu-
tigen Kronrat erbeten; aber wir nehmen morgen. Reitet
Ihr weit?

Ban. So weit, Herr, wie es die Zeit ausfüllen wird zwischen jetzt und dem Nachtmahl: wenn mein Pferd nicht

I must become a borrower of the night,
For a dark hour, or twain.
Macb.   Fail not our feast.
Ban. My Lord, I will not.
Macb. We hear, our bloody cousins are bestow'd
In England, and in Ireland; not confessing   30
Their cruel parricide, filling their hearers
With strange invention. But of that to-morrow,
When, therewithal, we shall have cause of State,
Craving us jointly. Hie you to horse: adieu,
Till you return at night. Goes Fleance with you?   35

Ban. Ay, my good Lord: our time does call upon's.
Macb. I wish your horses swift, and sure of foot;
And so I do commend you to their backs.
Farewell. –
                          Exit Banquo.
Let every man be master of his time   40
Till seven at night;
To make society the sweeter welcome,
We will keep ourself till supper-time alone:
While then, God be with you.
          Exeunt all except Macbeth and a Servant.
                                   Sirrah, a word with you.
Attend those men our pleasure?
Serv.   They are, my Lord,   45
Without the palace gate.
Macb.   Bring them before us.
                    Exit Servant.
To be thus is nothing, but to be safely thus:
Our fears in Banquo
Stick deep, and in his royalty of nature
Reigns that which would be fear'd: 'tis much he
                                        dares;   50
And, to that dauntless temper of his mind,
He hath a wisdom that doth guide his valour
To act in safety. There is none but he

besser läuft, [25] muß ich mir ein oder zwei dunkle
Stunden von der Nacht borgen.

Macb. Versäumt nicht unser Fest.

Ban. Das werde ich nicht, Herr.

Macb. Wir hören, unsere blutigen Vettern haben in England und in Irland Quartier genommen; [30] ohne ihren
grausamen Vatermord einzugestehen, doch ihre Zuhörer
mit seltsamen Erfindungen anfüllend. Aber davon morgen, wenn wir zudem Staatsgeschäfte haben, die uns
alle zusammen erfordern. Sputet Euch und reitet los:
Adieu, bis Ihr abends wiederkehrt. Geht Fleance mit
Euch? [35]

Ban. Ja, edler Herr. Unsere Zeit drängt.

Macb. Ich wünsche Euch Eure Pferde schnell und trittsi-
cher; und so empfehle ich Euch ihren Rücken. Lebt
wohl. –

> *Banquo geht ab.*

Jeder sei Herr seiner Zeit [40] bis sieben Uhr abends.
Um die Gäste desto freundlicher willkommen zu heißen,
wollen wir bis zur Essenszeit für uns allein bleiben: bis
dahin sei Gott mit Euch.[4]

> *Alle gehen ab bis auf Macbeth und einen Diener.*

Heda, ein Wort mit Euch. Harren diese Männer unseres
Befehls? [45]

Diener. Herr, sie sind vor dem Schloßtor.

Macb. Bringt sie vor uns.

> *Der Diener geht ab.*

So zu sein ist nichts, außer man ist es in Sicherheit: unsere Furcht vor Banquo steckt tief, und in seiner königlichen Natur herrscht, was zu fürchten ist: er wagt viel,
[50] und zu diesem seinem furchtlosen Naturell besitzt
er eine Weisheit, die seine Kühnheit leitet, in Sicherheit
zu handeln. Es gibt niemand außer ihm, dessen Existenz
ich fürchte: und unter ihm wird mein Genius in Schran-

Whose being I do fear: and under him
My Genius is rebuk'd; as, it is said,   55
Mark Antony's was by Caesar. He chid the Sisters,
When first they put the name of King upon me,
And bade them speak to him; then, prophet-like,
They hail'd him father to a line of kings:
Upon my head they plac'd a fruitless crown,   60
And put a barren sceptre in my gripe,
Thence to be wrench'd with an unlineal hand,
No son of mine succeeding. If't be so,
For Banquo's issue have I fil'd my mind;
For them the gracious Duncan have I murther'd;   65
Put rancours in the vessel of my peace,
Only for them; and mine eternal jewel
Given to the common Enemy of man,
To make them kings, the seed of Banquo kings!
Rather than so, come, fate, into the list,   70
And champion me to th'utterance! — Who's there? —
        Re-enter Servant, with two Murderers.
Now, go to the door, and stay there till we call.
                Exit Servant.
Was it not yesterday we spoke together?
1 Mur. It was, so please your Highness.
Macb.   Well then, now
Have you consider'd of my speeches? — know   75
That it was he, in the times past, which held you
So under fortune, which you thought had been
Our innocent self? This I made good to you
In our last conference; pass'd in probation with you,
How you were borne in hand; how cross'd; the
                                        instruments;   80
Who wrought with them; and all things else, that
                                        might,
To half a soul, and to a notion craz'd,
Say, 'Thus did Banquo.'
1 Mur.   You made it known to us.
Macb. I did so; and went further, which is now

ken gehalten, genauso, wie der des Mark Anton von
Cäsar, wie es heißt. Er schalt die Schwestern, [56] als sie
zuerst mich mit dem Namen des Königs belegten, und
forderte sie auf, zu ihm zu sprechen; dann, propheten-
gleich, grüßten sie ihn als Vater einer Linie von Königen.
Auf meinen Kopf setzten sie eine unfruchtbare Krone
[60] und gaben mir ein verdorrtes[5] Zepter in den Griff,
von wo es ihm von einer nicht in gerader Linie stehenden
Hand entwunden werden soll, indem kein Sohn von mir die
Nachfolge antritt. Wenn es so ist, dann habe ich für
Banquos Nachkommenschaft mein Denken besudelt[6]; für
sie habe ich den gütigen Duncan ermordet; [65] habe
Haßgefühle in den Kelch meines Friedens gefüllt, nur für
sie; und habe mein unsterbliches Juwel[7] dem gemeinsamen
Feind der Menschheit gegeben, um sie zu Königen zu
machen, den Samen Banquos zu Königen! Ehe solches
geschieht, komm, Schicksal, in die Schranken [70] und
bekämpfe mich bis zum Letzten![8] – Wer ist dort? –

Der Diener tritt wieder auf, mit zwei Mördern.[9]

Also, geht zur Tür und wartet dort, bis wir rufen.

Der Diener geht ab.

War es nicht gestern, daß wir miteinander sprachen?

1. Mörd. Ja, mit Verlaub, Euer Hoheit.

Macb. Gut denn, habt Ihr also über meine Worte nachge-
dacht? – Wißt Ihr, [75] daß er es war, der Euch in der
Vergangenheit so Euer verdientes Glück vorenthielt, was
Ihr dachtet, sei unser unschuldiges Selbst gewesen? Die
Wahrheit dessen habe ich Euch in unserer letzten Bespre-
chung gezeigt, die ich damit zubrachte, Euch zu beweisen,
wie Ihr getäuscht wurdet, wie man Euch entgegenarbeitete,
mit welchen Werkzeugen, [80] wer sie handhabe und all
die andern Dinge, die einer halben Seele und einem ge-
störten Geist imstande wären zu sagen: »So handelte
Banquo«.

1. Mörd. Ihr habt uns damit bekannt gemacht.

Macb. Das tat ich; und ging weiter, was jetzt der Kern-

Our point of second meeting. Do you find   85
Your patience so predominant in your nature,
That you can let this go? Are you so gospell'd,
To pray for this good man, and for his issue,
Whose heavy hand hath bow'd you to the grave,
And beggar'd yours for ever?

1 Mur.   We are men, my Liege.   90
Macb. Ay, in the catalogue ye go for men;
    As hounds, and greyhounds, mongrels, spaniels, curs,
    Shoughs, water-rugs, and demi-wolves, are clept
    All by the name of dogs: the valu'd file
    Distinguishes the swift, the slow, the subtle,   95
    The housekeeper, the hunter, every oné
    According to the gift which bounteous Nature
    Hath in him clos'd; whereby he does receive
    Particular addition, from the bill
    That writes them all alike; and so of men.   100
    Now, if you have a station in the file,
    Not i'th'worst rank of manhood, say't;
    And I will put that business in your bosoms,
    Whose execution takes your enemy off,
    Grapples you to the heart and love of us,   105
    Who wear our health but sickly in his life,
    Which in his death were perfect.

2 Mur.   I am one, my Liege,
    Whom the vile blows and buffets of the world
    Hath so incens'd, that I am reckless what
    I do, to spite the world.
1 Mur.   And I another,   110
    So weary with disasters, tugg'd with fortune,
    That I would set my life on any chance,
    To mend it, or be rid on't.
Macb.   Both of you
    Know, Banquo was your enemy.
2 Mur.   True, my Lord.

punkt unseres zweiten Treffens ist. Findet Ihr [85] Eure
Geduld so vorherrschend in Eurer Natur, daß Ihr dies
durchgehen lassen könnt? Werdet Ihr so sehr von der
christlichen Lehre geleitet, daß Ihr für diesen guten Mann
und seine Nachkommen betet, dessen schwere Hand Euch
zum Grab gebeugt und die Euren auf immer an den
Bettelstab gebracht hat?

1. Mörd. Wir sind Männer,[10] mein Lehnsherr. [90]

Macb. Ja, dem Katalog nach geltet Ihr als Männer; so wie
Jagdhunde und Windhunde, Bastarde[11], Spaniels, Köter,
zottige Hunde, Pudel[12] und Halbwölfe alle als Hunde
bezeichnet[13] werden. Das Verzeichnis der Eigenschaften[14]
unterscheidet den schnellen, den langsamen, den schlauen,
[95] den Hofhund, den Jäger, jeden einzelnen entsprechend der Gabe, die die freigebige Natur in ihm einge-
schlossen hat; wodurch er einen zusätzlichen Beinamen[15]
erhält, im Unterschied zu der Liste, die sie alle als gleich
aufführt; dasselbe gilt von Männern. [100] Nun, wenn
Ihr einen Platz in dem Verzeichnis[16] habt, der sich
nicht im schlechtesten Rang der Mannhaftigkeit befindet,
sagt es; und ich will Euch jene Angelegenheit anvertrauen, deren Ausführung Euren Feind aus dem Weg
schafft[17] und Euch mit unserem Herzen und unserer Liebe
verklammert, [105] der wir zu seinen Lebzeiten unsere
Gesundheit nur schwächlich tragen, welche bei seinem Tod
vollkommen wäre.

2. Mörd. Ich bin jemand, mein Lehnsherr, den die elenden
Schläge und Stöße der Welt so aufgebracht haben, daß es
mir egal ist, was ich tue, um der Welt eins auszuwischen.

1. Mörd. Und ich ein anderer, [110] so erschöpft von Un-
glücksfällen, so zerrauft vom Schicksal, daß ich mein
Leben auf jede Chance setzen würde, es in Ordnung zu
bringen oder es loszuwerden.

Macb. Beide wißt Ihr, daß Banquo Euer Feind war.

2. Mörd. Wahr, Herr.

Macb. So is he mine; and in such bloody distance,   115
    That every minute of his being thrusts
    Against my near'st of life: and though I could
    With bare-fac'd power sweep him from my sight,
    And bid my will avouch it, yet I must not,
    For certain friends that are both his and mine,   120
    Whose loves I may not drop, but wail his fall
    Who I myself struck down: and thence it is
    That I to your assistance do make love,
    Masking the business from the common eye,
    For sundry weighty reasons.

2 Mur.   We shall, my Lord,   125
    Perform what you command us.
1 Mur.   Though our lives –
Macb. Your spirits shine through you. Within this hour,
                                at most,
    I will advise you where to plant yourselves,
    Acquaint you with the perfect spy o'th'time,
    The moment on't; for't must be done to-night,   130
    And something from the palace; always thought,
    That I require a clearness: and with him
    (To leave no rubs nor botches in the work),
    Fleance his son, that keeps him company,
    Whose absence is no less material to me   135
    Than is his father's, must embrace the fate
    Of that dark hour. Resolve yourselves apart;
    I'll come to you anon.
2 Mur.   We are resolv'd, my Lord.
Macb. I'll call upon you straight: abide within. –
              Exeunt Murderers.
    It is concluded: Banquo, thy soul's flight,   140
    If it find Heaven, must find it out to-night.
                  Exit.

Macb. Der meine ist er auch; und in solch blutiger Distanz[18], [115] daß jede Minute seines Seins nach meinem Lebensnerv stößt. Und obwohl ich ihn mit unverhüllter Macht mir aus den Augen fegen und meinem Willen befehlen könnte, dafür einzustehen,[19] darf ich es doch nicht um gewisser Freunde willen, die sowohl seine wie meine sind, [120] deren Zuneigung ich nicht fallen lassen darf, sondern ich muß den Fall dessen beklagen, den ich selbst zu Boden geschlagen habe. Und daher kommt es, daß ich um Euren Beistand werbe und die Angelegenheit vor dem Auge der Allgemeinheit verberge, wegen etlicher gewichtiger Gründe.

2. *Mörd.* Wir werden, Herr, [125] ausführen, was Ihr uns befehlt.

1. *Mörd.* Wenn auch unser Leben –

Macb. Euer Feuer scheint durch Euch hindurch. Innerhalb dieser Stunde noch werde ich Euch raten, wo Ihr Euch aufstellen sollt, Euch mit dem idealen Kundschafter der Zeit[20] bekannt machen, dem Zeitpunkt für die Tat; denn es muß heute abend getan werden [130] und in einer gewissen[21] Entfernung vom Schloß, immer eingedenk, daß ich rein erscheinen muß. Und mit ihm (um keine Unebenheiten und kein Gepfusche in der Arbeit zu hinterlassen) muß Fleance, sein Sohn, der ihn begleitet, dessen Abwesenheit für mich nicht weniger von Belang ist [135] als die seines Vaters, das Schicksal dieser dunklen Stunde teilen. Entscheidet Euch allein, ich komme gleich zu Euch.

2. *Mörd.* Wir sind entschlossen, Herr.

Macb. Ich befasse mich gleich mit Euch: wartet drinnen. –
        Die Mörder gehen ab.
Es ist beschlossen: Banquo, deiner Seele Flug muß, falls er den Himmel findet, ihn heute abend finden. [140]
        Er geht ab.

SCENE II

The same. Another room.

Enter Lady Macbeth and a Servant.

Lady M. Is Banquo gone from court?
Serv. Ay, Madam, but returns again to-night.

Lady M. Say to the King, I would attend his leisure
    For a few words.
Serv.   Madam, I will.
              Exit.
Lady M.   Nought's had, all's spent,
    Where our desire is got without content: 5
    'Tis safer to be that which we destroy,
    Than by destruction dwell in doubtful joy.
            Enter Macbeth.
    How now, my Lord? why do you keep alone,
    Of sorriest fancies your companions making,
    Using those thoughts, which should indeed have died 10
    With them they think on? Things without all remedy
    Should be without regard: what's done is done.

Macb. We have scorch'd the snake, not kill'd it:
    She'll close, and be herself; whilst our poor malice
    Remains in danger of her former tooth.   15
    But let the frame of things disjoint, both the worlds
                      suffer,
    Ere we will eat our meal in fear, and sleep
    In the affliction of these terrible dreams,
    That shake us nightly. Better be with the dead,
    Whom we, to gain our peace, have sent to peace,   20
    Than on the torture of the mind to lie
    In restless ecstasy. Duncan is in his grave;
    After life's fitful fever he sleeps well;
    Treason has done his worst: nor steel, nor poison,
    Malice domestic, foreign levy, nothing   25
    Can touch him further!

SZENE 2

Daselbst. Ein anderer Raum.

Lady Macbeth und ein Diener treten auf.

Lady M. Ist Banquo von Hof fortgegangen?

Diener. Ja, gnädige Frau, aber er kommt heute abend wieder.

Lady M. Sagt dem König, ich bäte ihn auf ein paar Worte, wenn es ihm beliebte.

Diener. Zu Befehl, gnädige Frau.

Er geht ab.

Lady M. Nichts ist gewonnen, alles ist vertan, wo wir bekommen, was wir begehren, ohne zufrieden zu sein: [5] es ist sicherer, das zu sein, was wir zerstören, als durch Zerstörung in zweifelhafter[22] Freude zu leben.

Macbeth tritt auf.

Was ist, mein Gebieter? Warum haltet Ihr Euch allein und macht die traurigsten Vorstellungen zu Euren Begleitern, indem Ihr jene Gedanken unterhaltet, die in der Tat mit denen hätten sterben sollen, über die sie nachdenken? Was nicht wieder gutzumachen ist, [11] sollte man nicht beachten: was getan ist, ist getan.

Macb. Wir haben die Schlange aufgeschlitzt, nicht sie getötet: sie wird sich zusammenfügen und wieder sie selbst sein; während unser schwacher Haß der Gefahr ihres früheren Zahns ausgesetzt bleibt. [15] Aber soll das Gebäude der Dinge aus den Fugen gehen, beide Welten[23] leiden, ehe wir unser Mahl in Angst verzehren und in der Pein dieser schrecklichen Träume schlafen, die uns jede Nacht schütteln. Besser bei dem Toten sein, den wir, um unsere Ruhe zu gewinnen, zur Ruhe geschickt haben, [20] als auf der Folter der Gedanken in ruhelosem Außersichsein zu liegen. Duncan ist in seinem Grab; nach des Lebens Fieberkrämpfen[24] schläft er gut, Verrat hat sein Schlimmstes getan: weder Stahl noch Gift, Feindschaft im Innern, auswärtige Truppenaushebung, nichts [25] kann ihn mehr berühren!

Lady M.   Come on:
    Gentle my Lord, sleek o'er your rugged looks;
    Be bright and jovial among your guests to-night.
Macb. So shall I, Love; and so, I pray, be you.
    Let your remembrance apply to Banquo: 30
    Present him eminence, both with eye and tongue:
    Unsafe the while, that we
    Must lave our honours in these flattering streams,
    And make our faces vizards to our hearts,
    Disguising what they are.
Lady M.   You must leave this.   35
Macb. O! full of scorpions is my mind, dear wife!
    Thou know'st that Banquo, and his Fleance, lives.
Lady M. But in them Nature's copy's not eterne.

Macb. There's comfort yet; they are assailable:
    Then be thou jocund. Ere the bat hath flown   40
    His cloister'd flight; ere to black Hecate's summons
    The shard-born beetle, with his drowsy hums,
    Hath rung Night's yawning peal, there shall be done
    A deed of dreadful note.

Lady M.   What's to be done?
Macb. Be innocent of the knowledge, dearest chuck,   45
    Till thou applaud the deed. Come, seeling Night,
    Scarf up the tender eye of pitiful Day,
    And, with thy bloody and invisible hand,
    Cancel, and tear to pieces, that great bond
    Which keeps me pale! – Light thickens; and the
                            crow   50
    Makes wing to th'rooky wood;
    Good things of Day begin to droop and drowse,
    Whiles Night's black agents to their preys do rouse.
    Thou marvell'st at my words: but hold thee still;   55
    Things bad begun make strong themselves by ill.
    So, pr'ythee, go with me.
                    Exeunt.

Lady M. Kommt: ruhig, mein Gebieter, glättet Eure zerfurchte Miene, seid heiter und aufgeräumt unter Euren Gästen heute abend.

Macb. Das werde ich sein, Liebste, und das bitte ich, seid auch. Laßt Banquo Eure Hochachtung angedeihen: [30] räumt ihm den höchsten Platz ein, mit dem Auge wie mit der Zunge. Vorläufig sind wir noch unsicher, so daß wir unsere Ehre in diesem Schwall von Schmeichelei sauberwaschen und unsere Gesichter zu Visieren unserer Herzen machen müssen, die verstecken, was sie sind.

Lady M. Ihr müßt das lassen. [35]

Macb. Oh! Voller Skorpione ist mein Kopf, geliebte Frau! Du weißt, daß Banquo und sein Fleance leben.

Lady M. Doch haben sie das Lehen der Natur²⁵ nicht auf ewig.

Macb. Das ist noch ein Trost; sie sind angreifbar: [39] dann sei du fröhlich. Ehe die Fledermaus ihren klösterlichen Flug getan hat, ehe der von hartgeschalten²⁶ Flügeln getragene Käfer auf Befehl der schwarzen Hekate mit seinem schläfrigen Summen das gähnende Glockengeläute der Nacht hat erklingen lassen, wird eine Tat von besonderer Schrecklichkeit vollbracht sein.

Lady M. Was soll geschehen?

Macb. Sei unberührt vom Wissen, mein liebstes Täubchen²⁷, [45] bis du der Tat Beifall spenden kannst. Komm, augenverschließende²⁸ Nacht, verbinde dem bedauernswerten²⁹ Tag das empfindliche Auge und, mit deiner blutigen und unsichtbaren Hand, annulliere und reiß in Stücke jenen großen Zinsbrief³⁰, der mich bleich³¹ sein läßt. – Das Licht verfinstert sich, und die Krähe [50] schwingt sich zum Krähenwald;³² die guten Geschöpfe des Tages beginnen niederzusinken und zu dösen, während sich die schwarzen Täter der Nacht zu ihrer Beute erheben. Du wunderst dich über meine Worte: doch halte dich still; Dinge, böse begonnen, gewinnen ihre Stärke durch Schlechtes. [55] Drum, bitte, geh mit mir.

Sie gehen ab.

SCENE III

The same. A park, with a road leading to the palace.

Enter three Murderers.

1 Mur. But who did bid thee join with us?

3 Mur.   Macbeth.

2 Mur. He needs not our mistrust; since he delivers
    Our offices, and what we have to do,
    To the direction just.

1 Mur.   Then stand with us.
    The west yet glimmers with some streaks of day;   5
    Now spurs the lated traveller apace,
    To gain the timely inn; and near approaches
    The subject of our watch.

3 Mur.   Hark! I hear horses.

Ban. [*Within.*] Give us a light there, ho!

2 Mur.   Then 'tis he: the rest
    That are within the note of expectation,   10
    Already are i'th'court.

1 Mur.   His horses go about.

3 Mur. Almost a mile; but he does usually,
    So all men do, from hence to the palace gate
    Make it their walk.

    Enter Banquo, and Fleance, with a torch.

2 Mur.   A light, a light!

3 Mur.   'Tis he.

1 Mur. Stand to't.   15

Ban. It will be rain to-night.

1 Mur.   Let it come down.

The First Murderer strikes out the light, while the others
        assault Banquo.

Ban. O, treachery! Fly, good Fleance, fly, fly, fly!
    Thou may'st revenge – O slave!

        Dies. Fleance escapes.

3 Mur. Who did strike out the light?

1 Mur.   Was't not the way?

SZENE 3

Daselbst. Ein Park mit einem Weg, der zum Schloß führt.

Drei Mörder treten auf.

1. Mörd. Aber wer hat dich aufgefordert, dich uns anzu-
schließen?

3. Mörd. Macbeth.

2. Mörd. Wir brauchen ihm nicht zu mißtrauen; da er unsere Aufgabe und was wir zu tun haben genau nach
der Anweisung wiedergibt.

1. Mörd. Dann bleibe bei uns. Der Westen schimmert noch
von ein paar Tagesstreifen; [5] jetzt spornt der verspä-
tete Reisende zur Eile an, um die Herberge rechtzeitig
zu erreichen; und bald schon nähert sich der Gegenstand
unserer Wache.

3. Mörd. Horcht! Ich höre Pferde.

Ban. (im Innern). Ihr da, gebt uns ein Licht!

2. Mörd. Dann ist er es: die übrigen, die auf der Gäste-
liste stehen, [10] sind schon am Hof.

1. Mörd. Seine Pferde machen einen Umweg.

3. Mörd. Fast eine Meile; aber er geht im allgemeinen, so
wie es alle Leute tun, von hier bis zum Schloßtor zu
Fuß.

Banquo und Fleance treten auf mit einer Fackel.

2. Mörd. Ein Licht, ein Licht!

3. Mörd. Er ist es.

1. Mörd. Haltet euch wacker. [15]

Ban. Heute nacht wird es Regen geben.

1. Mörd. Soll es runterkommen.[33]

*Der erste Mörder schlägt das Licht aus, während die ande-
ren Banquo angreifen.*

Ban. O Verrat! Flieh, guter Fleance, flieh, flieh, flieh! Du
magst rächen – o Sklave!

Er stirbt. Fleance entkommt.

3. Mörd. Wer hat das Licht ausgeschlagen?

1. Mörd. War das nicht richtig? [19]

3 *Mur.* There's but one down: the son is fled.
2 *Mur.*   We have lost
 Best half of our affair.
1 *Mur.*   Well, let's away,   21
 And say how much is done.
      Exeunt.

      SCENE IV

   A room of state in the palace.

*A banquet prepared. Enter Macbeth, Lady Macbeth, Rosse,
 Lenox, Lords, and Attendants.*

Macb. You know your own degrees, sit down: at first
 And last, the hearty welcome.
Lords.   Thanks to your Majesty.
Macb. Ourself will mingle with society,
 And play the humble host.
 Our hostess keeps her state; but, in best time,   5
 We will require her welcome.
Lady M. Pronounce it for me, Sir, to all our friends;
 For my heart speaks, they are welcome.
   Enter first Murderer, to the door.
Macb. See, they encounter thee with their hearts' thanks.
 Both sides are even: here I'll sit i'th'midst.   10
 Be large in mirth; anon, we'll drink a measure
 The table round.
    Goes to door.
 There's blood upon thy face.
Mur.   'Tis Banquo's then.
Macb. 'Tis better thee without, than he within.
 Is he dispatch'd?
Mur.   My Lord, his throat is cut;   15
 That I did for him.
Macb.   Thou art the best o'th'cut-throats;
 Yet he's good that did the like for Fleance:
 If thou didst it, thou art the nonpareil.

3. Mörd. Hier liegt nur einer: der Sohn ist geflohen.

2. Mörd. Wir haben die beste Hälfte unserer Sache verloren.

1. Mörd. Nun, laßt uns gehen und sagen, wieviel getan ist.
Sie gehen ab.

SZENE 4

Ein Prunksaal im Schloß.

*Ein vorbereitetes Bankett. Macbeth, Lady Macbeth, Rosse,
Lenox, Lords und Diener treten auf.*

Macb. Ihr kennt Euren eigenen Rang, setzt Euch: von Anfang bis Ende ein herzliches Willkommen.

Lords. Dank Eurer Majestät.

Macb. Wir selbst wollen uns unter die Gesellschaft mischen
und den liebenswürdigen Gastgeber spielen. Unsere Gastgeberin behält den Thron inne; aber zur rechten Zeit [5]
werden wir sie um ihr Willkommen bitten.

Lady M. Sprecht es allen unseren Freunden für mich aus,
Sir, denn mein Herz sagt, sie sind willkommen.
Der erste Mörder tritt bei der Tür auf.

Macb. Sieh, sie begegnen dir mit dem Dank ihrer Herzen.
Beide Seiten sind gleich[34]: hier will ich in der Mitte sit-
zen. [10] Seid ungehemmt in Eurer Freude; augenblicklich
wollen wir ein Maß um den Tisch herumgehen lassen.
Er geht zur Tür.
In deinem Gesicht ist Blut.

Mörd. Dann ist es Banquos.

Macb. Besser draußen an dir, als drinnen in ihm. Ist er
ins Jenseits befördert?

Mörd. Mein Gebieter, seine Kehle ist durchschnitten; [15]
das tat ich für ihn.

Macb. Du bist der beste der Halsabschneider; doch ist der
gut, der das gleiche für Fleance tat: wenn du es warst,
dann bist du unvergleichlich.

Mur. Most royal Sir ... Fleance is scap'd.
Macb. Then comes my fit again: I had else been perfect; 20
    Whole as the marble, founded as the rock,
    As broad and general as the casing air:
    But now, I am cabin'd, cribb'd, confin'd, bound in
    To saucy doubts and fears. – But Banquo's safe?

Mur. Ay, my good Lord, safe in a ditch he bides,   25
    With twenty trenched gashes on his head;
    The least a death to nature.
Macb.   Thanks for that. –
    There the grown serpent lies; the worm, that's fled,
    Hath nature that in time will venom breed,
    No teeth for th'present. – Get thee gone;
                                 to-morrow   30
    We'll hear ourselves again.
                    Exit Murderer.
Lady M.   My royal Lord,
    You do not give the cheer: the feast is sold,
    That is not often vouch'd, while 'tis a-making,
    'Tis given with welcome: to feed were best at home;
    From thence, the sauce to meat is ceremony;   35
    Meeting were bare without it.
Macb.   Sweet remembrancer! –
    Now, good digestion wait on appetite,
    And health on both!
Len.   May it please your Highness sit?
Macb. Here had we now our country's honour roof'd,
    Were the grac'd person of our Banquo present;   40

The Ghost of Banquo enters, and sits in Macbeth's place.

    Who may I rather challenge for unkindness,
    Than pity for mischance!
Rosse.   His absence, Sir,
    Lays blame upon his promise. Please't your Highness
    To grace us with your royal company?

Mörd. Königlicher Herr – Fleance ist entkommen.

Macb. Dann kommt mein Krankheitsanfall wieder: sonst
wäre ich vollkommen gesund[35] gewesen, [20] heil wie der
Marmor, gegründet wie der Fels, so frei und ungebun-
den wie die umgebende Luft. Doch jetzt bin ich beengt,
eingepfercht, eingesperrt, gefesselt von aufdringlichen
Zweifeln und Ängsten. – Aber Banquo ist sicher?

Mörd. Ja, edler Herr, sicher im Straßengraben weilt er;
[25] mit zwanzig Schnittwunden am Kopf, von denen
die geringste einen Menschen tötet.

Macb. Dafür sei Dank. – Da liegt die ausgewachsene
Schlange; der Wurm, der geflohen ist, hat eine Natur,
die eines Tages Gift ausbrüten wird, aber keine Zähne
für den Augenblick. – Geh jetzt, morgen [30] hören wir
wieder von einander.

Der Mörder geht ab.

Lady M. Mein königlicher Gebieter, Ihr verbreitet keine
frohe Stimmung: das Festmahl wird verkauft,[36] bei dem
nicht häufig bekräftigt wird, während es vonstatten geht,
daß es gern gegeben wird: essen kann man am besten zu
Hause, woanders ist Zeremonie die Sauce zum Fleisch;
[35] Gesellschaft wäre dürftig ohne sie.

Macb. Süße Mahnerin! – Nun, gute Verdauung begleite
den Appetit und Gesundheit beide!

Len. Geruhen Euer Hoheit Platz zu nehmen?

Macb. Hier hätten wir nun die Ehre unseres Landes unter
unserm Dach, wäre die edle[37] Person unseres Banquo an-
wesend; [40]

*Der Geist Banquos tritt auf und setzt sich auf Macbeths
Platz.*

den ich lieber der Unfreundlichkeit bezichtigen möchte als
eines Unglücks wegen bemitleiden!

Rosse. Seine Abwesenheit, Sir, tadelt sein Versprechen.
Würden Euer Hoheit geruhen, uns mit Eurer königlichen Anwesenheit zu beehren?

Macb. The table's full.
Len.   Here is a place reserv'd, Sir.   45
Macb. Where?
Len. Here, my good Lord. What is't that moves your
                                        Highness?
Macb. Which of you have done this?
Lords.   What, my good Lord?
Macb. Thou canst not say, I did it: never shake
    Thy gory locks at me.   50
Rosse. Gentlemen, rise; his Highness is not well.

Lady M. Sit, worthy friends. My Lord is often thus,
    And hath been from his youth: pray you, keep seat;
    The fit is momentary; upon a thought
    He will again be well. If much you note him,   55
    You shall offend him, and extend his passion;
    Feed, and regard him not. – Are you a man?

Macb. Ay, and a bold one, that dare look on that
    Which might appal the Devil.
Lady M.   O proper stuff!
    This is the very painting of your fear: 60
    This is the air-drawn dagger, which, you said,
    Led you to Duncan. O! these flaws and starts
    (Impostors to true fear), would well become
    A woman's story at a winter's fire,
    Authoris'd by her grandam. Shame itself!   65
    Why do you make such faces? When all's done,
    You look but on a stool.
Macb.   Pr'ythee, see there!
    Behold! look! lo! how say you?
    Why, what care I? If thou canst nod, speak too. –
    If charnel-houses and our graves must send   70
    Those that we bury, back, our monuments
    Shall be the maws of kites.
                    Ghost disappears.
Lady M.   What! quite unmann'd in folly?

Macb. Der Tisch ist voll.

Len. Hier ist ein Platz freigehalten, Sir. [45]

Macb. Wo?

Len. Hier, mein Gebieter. Was ist es, das Euer Hoheit bewegt?

Macb. Wer von Euch hat das getan?

Lords. Was, mein Gebieter?

Macb. Du kannst nicht sagen, ich tat es: schüttele nicht deine blutigen Locken in meine Richtung. [50]

Rosse. Ihr Herren, erhebt Euch; Seiner Hoheit ist nicht wohl.

Lady M. Setzt Euch, werte Freunde. Mein Gebieter ist oft so und ist so seit seiner Jugend gewesen: ich bitte Euch, bleibt sitzen. Der Anfall ist nur momentan, in Gedankenschnelle wird er wieder in Ordnung sein. Wenn Ihr ihn viel beachtet, [55] werdet Ihr ihn beleidigen und sein Unwohlsein verlängern; eßt und seht ihn nicht an. – Seid Ihr ein Mann?

Macb. Ja, und ein kühner, der wagt, das anzuschauen, was den Teufel entsetzen könnte.

Lady M. O dummes Zeug! Dies ist die schiere Malerei Eurer Angst: [60] dies ist der luftgemalte[38] Dolch, der, wie Ihr sagtet, Euch zu Duncan führte. Oh! Diese Anfälle, dieses Zusammenzucken (Hochstapler verglichen mit echter Furcht) würden der Geschichte eines Weibes an einem Winterfeuer wohl anstehen, die sie von der Großmutter hat. Die Schande selbst! [65] Warum macht Ihr solche Gesichter? Schließlich und endlich schaut Ihr nur einen Stuhl an.

Macb. Bitte, seht dort! Schaut, blickt, seht da! Was sagt Ihr? Ach was, was kümmert es mich? Wenn du nicken kannst, sprich auch. – [69] Wenn Beinhäuser und unsere Gräber die, die wir begraben, zurückschicken müssen, dann sollen die Schlünde der Raubvögel unsere Gräber sein.

Der Geist verschwindet.

Lady M. Was! Völlig entmannt vor Torheit?

Macb. If I stand here, I saw him.

Lady M.   Fie! for shame!

Macb. Blood hath been shed ere now, i'th'olden time,
    Ere humane statute purg'd the gentle weal;   75
    Ay, and since too, murthers have been perform'd
    Too terrible for the ear: the time has been,
    That, when the brains were out, the man would die,
    And there an end; but now, they rise again,
    With twenty mortal murthers on their crowns,   80
    And push us from our stools. This is more strange
    Than such a murther is.

Lady M.   My worthy Lord,
    Your noble friends do lack you.

Macb.   I do forget. –
    Do not muse at me, my most worthy friends,
    I have a strange infirmity, which is nothing   85
    To those that know me. Come, love and health to all;
    Then, I'll sit down. – Give me some wine: fill full: –
    I drink to th'general joy o'th'whole table,
    And to our dear friend Banquo, whom we miss;
    Would he were here!

Re-enter Ghost.

                To all, and him, we thirst,   90
    And all to all.

Lords.   Our duties, and the pledge.

Macb. Avaunt! and quit my sight! let the earth hide thee!
    Thy bones are marrowless, thy blood is cold;
    Thou hast no speculation in those eyes,
    Which thou dost glare with.

Lady M.   Think of this, good Peers,   95
    But as a thing of custom: 'tis no other;
    Only it spoils the pleasure of the time.

Macb. What man dare, I dare:
    Approach thou like the rugged Russian bear,
    The arm'd rhinoceros, or th'Hyrcan tiger;   100
    Take any shape but that, and my firm nerves

Macb. So wahr ich hier stehe, ich sah ihn.

Lady M. Pfui! Schämt Euch!

Macb. Blut ist früher schon vergossen worden, in den alten Zeiten, ehe menschliches[39] Gesetz das friedfertige[40] Gemeinwesen reinigte; [75] ja, und auch seither sind Morde begangen worden, zu schrecklich für das Ohr. Es gab einmal eine Zeit, da, wenn der Schädel eingeschlagen war, der Mann zu sterben pflegte, und damit Schluß; aber heutzutage stehen sie wieder auf, mit zwanzig tödlichen Mordwunden am Kopf, [80] und stoßen uns von unsern Stühlen. Dies ist außerordentlicher als solch ein Mord.

Lady M. Mein werter Gebieter, Eure edlen Freunde vermissen Euch.

Macb. Wirklich, ich vergesse. – Wundert Euch nicht über mich, meine wertesten Freunde, ich habe eine seltsame Krankheit, welche nichts ist [85] für die, die mich kennen. Kommt, Liebe und Gesundheit Euch allen; dann will ich mich hinsetzen. – Gebt mir etwas Wein, schenkt voll: – ich trinke auf die allgemeine Freude der ganzen Tafel und auf unsern lieben Freund Banquo, den wir vermissen; ich wollte, er wäre hier!

Der Geist tritt wieder auf.

Auf alle und ihn dürstet uns zu trinken, [90] und alles auf alle.

Lords. Unsere Ehrerbietung und die Erwiderung des Toastes.

Macb. Hinweg! Und geh mir aus den Augen! Laß die Erde dich verstecken! Deine Knochen sind marklos, dein Blut ist kalt; du hast keine Betrachtung[41] in diesen Augen, mit denen du stierst.

Lady M. Seht dies, Ihr redlichen Peers, [95] nur als etwas Übliches an: es ist nichts anderes. Nur verdirbt es die Freude des Augenblicks.

Macb. Was Menschen wagen, wage ich: nähere dich wie der zottige russische Bär, das bewehrte Nashorn oder der hyrkanische Tiger;[42] [100] nimm jede Gestalt an außer dieser, und meine starken Nerven sollen niemals zittern.

Shall never tremble: or, be alive again,
And dare me to the desert with thy sword;
If trembling I inhabit then, protest me
The baby of a girl. Hence, horrible shadow!   105
Unreal mock'ry, hence! –
                    Ghost disappears.
                              Why, so; – being gone,
I am a man again. – Pray you, sit still.

Lady M. You have displac'd the mirth, broke the good
                                        meeting
With most admir'd disorder.

Macb.   Can such things be,
And overcome us like a summer's cloud,   110
Without our special wonder? You make me strange
Even to the disposition that I owe,
When now I think you can behold such sights,
And keep the natural ruby of your cheeks,   114
When mine is blanch'd with fear.

Rosse.   What sights, my Lord?

Lady M. I pray you, speak not; he grows worse and
                                        worse;
Question enrages him. At once, good night: –
Stand not upon the order of your going,
But go at once.

Len.   Good night, and better health
Attend his Majesty!

Lady M.   A kind good night to all!   120
              Exeunt Lords and Attendants.

Macb. It will have blood, they say: blood will have blood:
Stones have been known to move, and trees to speak;
Augures, and understood relations, have
By magot-pies, and choughs, and rooks, brought forth
The secret'st man of blood. – What is the night?   125

Lady M. Almost at odds with morning, which is which.

Macb. How say'st thou, that Macduff denies his person,
At our great bidding?

Oder sei wieder lebendig und fordere mich mit deinem
Schwert heraus, in der Wüste zu kämpfen; wenn ich
dann zitternd zu Hause bleibe,[43] dann erkläre mich zur
Puppe eines Mädchens.[44] Hinweg, grauenhafter Schatten!
[105] Unwirkliches Trugbild, hinweg! –
Der Geist verschwindet.
Na also; – jetzt, wo es weg ist, bin ich wieder ein
Mann. – Ich bitte Euch, bleibt sitzen.
Lady M. Ihr habt die Fröhlichkeit vertrieben, die ange-
nehme Zusammenkunft durch höchst wundersame Ver-
wirrtheit unterbrochen.
Macb. Können solche Dinge sein und über uns hinwegzie-
hen wie eine Sommerwolke, [110] ohne unser besonde-
res Staunen? Ihr entfremdet mich meinem eigentlichen
Wesen,[45] wenn ich nun bedenke, daß Ihr solche Erscheinungen ansehen und den natürlichen Rubin Eurer Wangen behalten könnt, wenn meiner vor Furcht gebleicht
wird. [115]
Rosse. Was für Erscheinungen, mein Gebieter?
Lady M. Ich bitte Euch, sprecht nicht; er wird schlimmer
und schlimmer; Fragen macht ihn wütend. Augenblicklich
gute Nacht: – besteht nicht auf der Rangordnung Eures
Aufbruchs, sondern geht zusammen.

Len. Gute Nacht, und Seiner Majestät gute Besserung!

Lady M. Ein freundliches Gute Nacht Euch allen. [120]
Lords und Diener gehen ab.
Macb. Es will Blut haben, sagt man: Blut will Blut haben.
Man weiß, daß Steine sich bewegt[46] und Bäume gespro-
chen[47] haben; Wahrsagung[48] und verstandene Zusammen-
hänge haben mit Hilfe von Elstern, Dohlen und Krähen
den verborgensten Mörder ans Licht gebracht. Wie weit
ist die Nacht? [125]
Lady M. Fast schon im Streit mit dem Morgen, wer wer ist.
Macb. Was sagst du dazu, daß Macduff bei unserer großen
Einladung seine Person verweigert?

Lady M.   Did you send to him, Sir?
Macb. I heard it by the way; but I will send.
    There's not a one of them, but in his house   130
    I keep a servant fee'd. I will to-morrow
    (And betimes I will) to the Weïrd Sisters:
    More shall they speak; for now I am bent to know,
    By the worst means, the worst. For mine own good,
    All causes shall give way: I am in blood   135
    Stepp'd in so far, that, should I wade no more,
    Returning were as tedious as go o'er.
    Strange things I have in head, that will to hand,
    Which must be acted, ere they may be scann'd.

Lady M. You lack the season of all natures, sleep.   140

Macb. Come, we'll to sleep. My strange and self-abuse
    Is the initiate fear, that wants hard use:
    We are yet but young in deed.
                Exeunt.

SCENE V
The heath.

Thunder. Enter the three Witches, meeting Hecate.

1 Witch. Why, how now, Hecate? you look angerly.
Hec. Have I not reason, beldams as you are,
    Saucy, and overbold? How did you dare
    To trade and traffic with Macbeth,
    In riddles, and affairs of death;   5
    And I, the mistress of your charms,
    The close contriver of all harms,
    Was never call'd to bear my part,
    Or show the glory of our art?
    And, which is worse, all you have done   10
    Hath been but for a wayward son,

Lady M. Habt Ihr zu ihm geschickt, Sir?

Macb. Ich hörte es zufällig; aber ich werde schicken. Da ist nicht ein einziger unter ihnen, in dessen Haus [130] ich nicht einen bezahlten Diener hielte. Ich will morgen (und das frühzeitig) zu den Schicksalsschwestern: sie sollen mehr sagen; denn jetzt bin ich entschlossen, mit den schlimmsten Mitteln das Schlimmste zu erfahren. Für mein eigenes Wohl muß alles andere zurückstehen: ich bin so weit in Blut hineingegangen, daß, sollte ich nicht weiterwaten, [136] die Rückkehr genauso mühsam wäre wie hindurchzugehen. Seltsame Dinge habe ich im Kopf, die zur Hand wollen und ausgeführt werden müssen, bevor sie genauer erwogen werden können.

Lady M. Euch fehlt die Würze aller Kreaturen, Schlaf. [140]

Macb. Komm, wir wollen schlafen gehen. Meine sonderbare Selbsttäuschung ist die Furcht eines Neulings, dem die harte Übung fehlt: wir sind lediglich noch jung im Tun.

Sie gehen ab.

SZENE 5[49]

Die Heide.

Donner. Die drei Hexen treten auf und treffen auf Hekate.

1. Hexe. Nun, was ist, Hekate? Ihr schaut zornig drein.

Hek. Habe ich keinen Grund, alte Vetteln, die ihr seid, unverschämt und überdreist? Wie konntet ihr es wagen, mit Macbeth Handel zu treiben[50] [5] mit Rätseln und mit Todesangelegenheiten; und ich, die Herrin eurer Zauberkräfte, die geheime Ränkeschmiedin allen Unheils, bin niemals gerufen worden, das Meine zu tun oder die Herrlichkeit unserer Kunst vorzuführen? Und, was noch schlimmer ist, alles, was ihr getan habt, [10] war nur für einen ungeratenen Sohn, gehässig und voller Wut; der,

Spiteful, and wrathful; who, as others do,
Loves for his own ends, not for you.
But make amends now: get you gone,
And at the pit of Acheron   15
Meet me i'th'morning: thither he
Will come to know his destiny.
Your vessels, and your spells, provide,
Your charms, and everything beside.
I am for th'air; this night I'll spend   20
Unto a dismal and a fatal end:
Great business must be wrought ere noon.
Upon the corner of the moon
There hangs a vap'rous drop profound;
I'll catch it ere it come to ground: 25
And that, distill'd by magic sleights,
Shall raise such artificial sprites,
As, by the strength of their illusion,
Shall draw him on to his confusion.
He shall spurn fate, scorn death, and bear   30
His hopes 'bove wisdom, grace, and fear;
And you all know, security
Is mortals' chiefest enemy.
        Song within: 'Come away, come away,' etc.
Hark! I am call'd: my little spirit, see,
Sits in a foggy cloud, and stays for me.   35
                        Exit.
1 Witch. Come, let's make haste: she'll soon be back again.
                        Exeunt.

SCENE VI

Somewhere in Scotland.

Enter Lenox and another Lord.

Len. My former speeches have but hit your thoughts,
    Which can interpret farther: only, I say,

wie andere auch, zu seinem eigenen Nutzen liebt, nicht zu eurem. Doch macht es jetzt wieder gut: verschwindet und trefft mich morgen früh in der Höhle des Acheron[51]: [15] dorthin wird er kommen, um sein Schicksal zu erfahren. Bringt eure Gefäße und Zaubersprüche mit, eure Zaubermittel und alles sonstige. [19] Ich mache mich in die Luft auf; diese Nacht werde ich auf einen verhängnisvollen und tödlichen Zweck verwenden: ein großes Werk muß bis zum Mittag vollbracht sein. An der Zacke des Mondes hängt ein dunsterfüllter Tropfen,[52] inhaltsschwer; ich will ihn auffangen, ehe er zu Boden fällt: [25] und dieser, durch magische Kunst destilliert, soll solche kunstvollen[53] Dämonen beschwören, die ihn durch die Kraft ihres Scheins zu seinem Untergang verleiten. [29] Er soll das Schicksal verhöhnen, den Tod verachten und seine Hoffnungen über Weisheit, Tugend und Furcht erheben. Und ihr wißt alle: Sorglosigkeit ist der größte Feind der Sterblichen.

Im Innern ein Lied: »Komm her, komm her«, etc.[54]
Horcht! Ich werde gerufen: seht, mein kleiner Geist sitzt in einer nebligen Wolke und wartet auf mich. [35]
Sie geht ab.[55]
1. *Hexe.* Kommt, wir wollen uns beeilen: sie wird bald wieder zurück sein.
Sie gehen ab.

SZENE 6
Irgendwo in Schottland.

Lenox und ein anderer Lord treten auf.

Len. Meine vorigen Worte haben sich nur mit Euren Gedanken getroffen, die sie weiter auslegen können: ich

Things have been strangely borne. The gracious
                                        Duncan
Was pitied of Macbeth: – marry, he was dead: –
And the right-valiant Banquo walk'd too late;   5
Whom, you may say (if't please you) Fleance kill'd,
For Fleance fled. Men must not walk too late.
Who cannot want the thought, how monstrous
It was for Malcolm, and for Donalbain,
To kill their gracious father? damned fact!   10
How it did grieve Macbeth! did he not straight,
In pious rage, the two delinquents tear,
That were the slaves of drink, and thralls of sleep?
Was not that nobly done? Ay, and wisely too;
For 'twould have anger'd any heart alive   15
To hear the men deny't. So that, I say,
He has borne all things well: and I do think,
That, had he Duncan's sons under his key
(As, and't please Heaven, he shall not), they should
                                        find
What 'twere to kill a father; so should Fleance.   20
But, peace! – for from broad words, and 'cause he
                                        fail'd
His presence at the tyrant's feast, I hear,
Macduff lives in disgrace. Sir, can you tell
Where he bestows himself?

Lord.   The son of Duncan,
From whom this tyrant holds the due of birth,   25
Lives in the English court; and is receiv'd
Of the most pious Edward with such grace,
That the malevolence of fortune nothing
Takes from his high respect. Thither Macduff
Is gone to pray the holy King, upon his aid   30
To wake Northumberland, and warlike Siward;
That, by the help of these (with Him above
To ratify the work), we may again
Give to our tables meat, sleep to our nights,
Free from our feasts and banquets bloody knives,   35

sage bloß, alles ist seltsam eingerichtet worden. Der gütige Duncan wurde von Macbeth bedauert: – fürwahr, er war tot: – und der höchst tapfere Banquo war zu spät unterwegs; [5] den, so könnt Ihr sagen (wenn es Euch gefällt), Fleance tötete, denn Fleance floh. Man darf nicht zu spät unterwegs sein. Wem käme nicht der Gedanke,[56] wie ungeheuerlich es von Malcolm und Donalbain war, ihren gütigen Vater zu töten? Verdammenswerte Untat![57] [10] Wie sie Macbeth bekümmerte! Hat er nicht geradewegs in treuem Zorn die beiden Delinquenten zerfleischt, die solche Sklaven des Trinkens und Hörige des Schlafens waren? War das nicht edel gehandelt? Ja, und auch weise; denn es würde jedes lebende Herz erbittert haben, [15] die Männer es leugnen zu hören. So daß er, sage ich, alle Dinge gut eingerichtet hat: und ich glaube, daß, hätte er Duncans Söhne in seiner Gewalt (was er, will's der Himmel, nicht wird), sie ganz sicher herausfinden würden, was es heißt, einen Vater zu töten; und Fleance ebenso. [20] Doch still! – Denn wegen offener Worte und weil er dem Fest des Tyrannen seine Anwesenheit versagte, höre ich, lebt Macduff in Ungnade. Sir, könnt Ihr mir sagen, wo er sich aufhält?

Lord. Der Sohn Duncans, dem dieser Tyrann sein Erbrecht vorenthält, [25] lebt am englischen Hof und ist von dem höchst frommen Edward mit solcher Huld aufgenommen worden, daß die Mißgunst des Glücks ihm nichts von seiner hohen Achtung nimmt. Dorthin ist Macduff gegangen, um den heiligen König zu bitten, zu seiner[58] Hilfe Northumberland und den kriegerischen Siward aufzurütteln; [31] damit wir mit deren Hilfe (und mit Seiner Billigung dort oben) unsern Tischen wieder Fleisch und unsern Nächten Schlaf geben, unsere Feste und Bankette von blutigen Messern befreien, [35] treue Huldigung dar-

Do faithful homage, and receive free honours,
All which we pine for now. And this report
Hath so exasperate the King, that he
Prepares for some attempt of war.

Len.   Sent he to Macduff?

Lord. He did: and with an absolute 'Sir, not I,'   40
The cloudy messenger turns me his back,
And hums, as who should say, 'You'll rue the time
That clogs me with this answer.'

Len.   And that well might
Advise him to a caution, t'hold what distance
His wisdom can provide. Some holy Angel   45
Fly to the court of England, and unfold
His message ere he come, that a swift blessing
May soon return to this our suffering country
Under a hand accurs'd!

Lord.   I'll send my prayers with him.
                    Exeunt.

bringen und freie Ehren empfangen mögen, nach welchem
allen wir jetzt schmachten. Und diese Nachricht hat den
König[59] so aufgebracht, daß er sich zu einem kriegerischen Unternehmen rüstet.

Len. Sandte er zu Macduff?

Lord. Ja: und mit dessen entschiedenem »Sir, nicht ich« [40]
kehrt mir[60] doch der umwölkte[61] Bote den Rücken und
brummt[62] wie einer, der sagen will: »Ihr werdet den
Augenblick bereuen, der mich mit dieser Antwort be-
schwert.«

Len. Und das könnte ihm wohl zu der Vorsicht raten, an
Abstand zu halten, was seine Weisheit ihm vorsorglich
anempfehlen kann. Ein heiliger Engel [45] möge zum
englischen Hof fliegen und seine Botschaft offenbaren,
ehe er kommt, damit schnelle Wohltat bald zu diesem
unserem Land zurückkehrt, das unter einer verfluchten
Hand leidet.

Lord. Ich schicke meine Gebete mit ihm mit.

                         Sie gehen ab.

ACT IV

SCENE I

A house in Forres. In the middle, a boiling cauldron.

Thunder. Enter the three Witches.

1 Witch. Thrice the brinded cat hath mew'd.
2 Witch. Thrice, and once the hedge-pig whin'd.
3 Witch. Harpier cries: – 'Tis time, 'tis time.
1 Witch. Round about the cauldron go;
    In the poison'd entrails throw. –   5
    Toad, that under cold stone
    Days and nights has thirty-one
    Swelter'd venom, sleeping got,
    Boil thou first i'th'charmed pot.
All. Double, double toil and trouble: 10
    Fire, burn; and, cauldron, bubble.
2 Witch. Fillet of a fenny snake,
    In the cauldron boil and bake;
    Eye of newt, and toe of frog,
    Wool of bat, and tongue of dog,   15
    Adder's fork, and blind-worm's sting,
    Lizard's leg, and howlet's wing,
    For a charm of powerful trouble,
    Like a hell-broth boil and bubble.
All. Double, double toil and trouble: 20
    Fire, burn; and, cauldron, bubble.
3 Witch. Scale of dragon, tooth of wolf;
    Witches' mummy; maw, and gulf,
    Of the ravin'd salt-sea shark;
    Root of hemlock, digg'd i'th'dark;   25
    Liver of blaspheming Jew;
    Gall of goat, and slips of yew,
    Sliver'd in the moon's eclipse;
    Nose of Turk, and Tartar's lips;
    Finger of birth-strangled babe,   30

AKT IV

SZENE 1

Ein Haus in Forres. In der Mitte ein großer kochender Kessel.

Donner. Die drei Hexen treten auf.

1. Hexe. Dreimal hat die gestreifte Katze[1] miaut.

2. Hexe. Dreimal und einmal der Igel gejault.

3. Hexe. Harpier[2] schreit: – s'ist Zeit, s'ist Zeit.

1. Hexe. Um den Kessel geht herum; werft die vergifteten Eingeweide hinein. – [5] Kröte, die unter kaltem Stein einunddreißig Tage und Nächte Gift ausgeschwitzt hat,[3] im Schlaf ergriffen,[4] koche du zuerst im Zaubertopf.

Alle. Verdoppelt, verdoppelt Mühe und Arbeit: [10] Feuer brenne; und Kessel brodele.

2. Hexe. Filet von einer sumpfigen Schlange koche und backe im Kessel; Molchauge und Froschzeh, Wolle von der Fledermaus und Zunge vom Hund, [15] gespaltene Natternzunge und Blindschleichenstachel,[5] Eidechsenbein und Käuzchenflügel kocht und brodelt für einen Zauber gewaltiger Verwirrung wie ein Höllenbrei.

Alle. Verdoppelt, verdoppelt Mühe und Arbeit: [20] Feuer brenne; und Kessel brodele.

3. Hexe. Drachenschuppe, Zahn vom Wolf; Mumie der Hexen;[6] Magen und Schlund des vollgefressenen[7] Meerhais; Schierlingswurzel, im Dunkeln ausgegraben; [25] Leber eines lästernden Juden; Ziegengalle und Eibenzweige,[8] bei Mondfinsternis abgeschnitten; Türkennase,[9] Tatarenlippe; Finger eines bei der Geburt erwürgten

    Ditch-deliver'd by a drab,
    Make the gruel thick and slab:
    Add thereto a tiger's chaudron,
    For th'ingredience of our cauldron.
All. Double, double toil and trouble;   35
    Fire, burn; and, cauldron, bubble.
2 Witch. Cool it with a baboon's blood:
    Then the charm is firm and good.
        Enter Hecate, and the other three Witches.
Hec. O, well done! I commend your pains,
    And every one shall share i'th'gains.   40
    And now about the cauldron sing,
    Like elves and fairies in a ring,
    Enchanting all that you put in.
        Music and a song, 'Black spirits,' etc.
        Exeunt Hecate and the three other Witches.
2 Witch. By the pricking of my thumbs,
    Something wicked this way comes. –   45
        Knocking.

    Open, locks,
    Whoever knocks.
        Enter Macbeth.
Macb. How now, you secret, black, and midnight hags!
    What is't you do?
All.   A deed without a name.
Macb. I conjure you, by that which you profess,   50
    Howe'er you come to know it, answer me:
    Though you untie the winds, and let them fight
    Against the Churches; though the yesty waves
    Confound and swallow navigation up;
    Though bladed corn be lodg'd, and trees blown down;
    Though castles topple on their warders' heads;   56
    Though palaces, and pyramids, do slope
    Their heads to their foundations; though the treasure
    Of Nature's germens tumble all together,
    Even till destruction sicken, answer me   60
    To what I ask you.

Kindes, [30] im Straßengraben von einer Dirne zur Welt gebracht, macht die Suppe dick und zähflüssig[10]: tut dazu die Eingeweide eines Tigers als Ingredienz[11] unseres Kessels.

Alle. Verdoppelt, verdoppelt Mühe und Arbeit: [35] Feuer brenne; und Kessel brodele.

2. Hexe. Kühlt es mit dem Blut des Pavians, dann ist der Zauber fest und gut. –

    Hekate und die drei anderen Hexen treten auf.[12]

Hek. Oh, gut gemacht! Ich lobe eure Mühe, und jede von euch soll am Gewinn beteiligt sein. [40] Und jetzt geht singend um den Kessel herum, wie Elfen und Feen in einem Kreis,[13] und verzaubert alles, was ihr hineingetan habt.

    Musik und ein Lied, »Schwarze Geister«,[14] etc. *Hekate und die drei anderen Hexen gehen ab.*

2. Hexe. Beim Prickeln meiner Daumen,[15] etwas Böses kommt daher. – [45]

    Es klopft.

Öffnet euch, Schlösser, wer immer auch klopft.

    Macbeth tritt auf.

Macb. Wie steht's, ihr geheimnisvollen schwarzen[16] Mitternachtshexen! Was tut ihr da?

Alle. Eine namenlose Tat.

Macb. Ich beschwöre euch, bei dem, was ihr praktiziert, [50] wie immer ihr es auch erfahrt, antwortet mir: wenn ihr auch die Winde entfesselt und gegen die Kirchen kämpfen laßt; wenn auch die schäumenden Wellen die Seefahrt vernichten und verschlingen; wenn auch das Korn auf dem Halm niedergelegt und Bäume umgeweht werden; [55] wenn auch Burgen auf die Köpfe ihrer Wächter niederfallen; wenn auch Paläste und Pyramiden ihre Häupter zu ihren Grundfesten beugen[17]; wenn auch der Schatz des Samens der Natur[18] durcheinanderstürzt, bis der Zerstörung übel wird, antwortet mir [60] auf meine Frage.

1 Witch.   Speak.
2 Witch.   Demand.
3 Witch.   We'll answer.
1 Witch. Say, if thou'dst rather hear it from our mouths,
    Or from our masters?
Macb.   Call 'em; let me see 'em.
1 Witch. Pour in sow's blood, that hath eaten
    Her nine farrow; grease, that's sweaten   65
    From the murderer's gibbet, throw
    Into the flame.
All.   Come, high, or low;
    Thyself and office deftly show.
       Thunder. First Apparition, an armed head.
Macb. Tell me, thou unknown power, –
1 Witch.   He knows thy thought:
    Hear his speech, but say thou nought.   70
1 App. Macbeth! Macbeth! Macbeth! beware Macduff;
    Beware the Thane of Fife. – Dismiss me. – Enough.
       Descends.

Macb. Whate'er thou art, for thy good caution, thanks:
    Thou hast harp'd my fear aright. – But one word
                    more: –
1 Witch. He will not be commanded. Here's another,   75
    More potent than the first.
       Thunder. Second Apparition, a bloody child.
2 App. Macbeth! Macbeth! Macbeth! –
Macb. Had I three ears, I'd hear thee.
2 App. Be bloody, bold, and resolute: laugh to scorn
    The power of man, for none of woman born   80
    Shall harm Macbeth.
          Descends.
Macb. Then live, Macduff: what need I fear of thee?
    But yet I'll make assurance double sure,
    And take a bond of Fate: thou shalt not live;
    That I may tell pale-hearted fear it lies,   85
    And sleep in spite of thunder. –

1. Hexe. Sprich.

2. Hexe. Frage.

3. Hexe. Wir werden antworten.

1. Hexe. Sag, ob du es lieber aus unserem Mund oder von unseren Meistern hören willst?

Macb. Ruft sie; laßt mich sie sehen.

1. Hexe. Gießt das Blut einer Sau hinein, die ihren Wurf von neun Ferkeln gefressen hat; Fett, vom Galgen des Mörders ausgeschwitzt[19], werft in die Flamme. [67]

Alle. Komm, Vornehmer oder Geringer; zeige behende dich und dein Amt.

    Donner. Erste Erscheinung, ein gepanzertes Haupt.[20]

Macb. Sag mir, du unbekannte Macht, –

1. Hexe. Er kennt deine Gedanken: höre seine Worte, aber sage du nichts. [70]

1. Ersch. Macbeth! Macbeth! Macbeth! Hüte dich vor Macduff; hüte dich vor dem Than von Fife. – Entlasse mich. – Genug.

            Versinkt.

Macb. Was immer du bist, für deine gute Warnung Dank: du hast meine Furcht richtig erraten. – Aber ein Wort noch: –

1. Hexe. Er läßt sich nicht befehlen. Hier ist ein anderer, [75] mächtiger als der erste.

    Donner. Zweite Erscheinung, ein blutiges Kind.[21]

2. Ersch. Macbeth! Macbeth! Macbeth! –

Macb. Hätte ich drei Ohren, ich würde dir zuhören.

2. Ersch. Sei blutig, kühn und entschlossen: verlache die Gewalt der Menschen, denn keiner, den eine Frau geboren, [80] soll Macbeth schaden.

            Versinkt.

Macb. Dann lebe, Macduff: was brauche ich dich zu fürchten? Aber dennoch will ich die Gewißheit doppelt gewiß machen und mir vom Schicksal eine Sicherheit geben lassen: du sollst nicht leben; damit ich der bleichherzigen Furcht sagen kann, sie lüge, [85] und schlafen kann trotz Donner. –

Thunder. Third Apparition, a child crowned, with a tree in his hand.

                       What is this,
    That rises like the issue of a king;
    And wears upon his baby brow the round
    And top of sovereignty?

All.   Listen, but speak not to't.

3 App. Be lion-mettled, proud, and take no care   90
    Who chafes, who frets, or where conspirers are:
    Macbeth shall never vanquish'd be, until
    Great Birnam wood to high Dunsinane hill
    Shall come against him.

                   Descends.

Macb.   That will never be:
    Who can impress the forest; bid the tree   95
    Unfix his earth-bound root? Sweet bodements! good!
    Rebellious dead, rise never, till the wood
    Of Birnam rise; and our high-plac'd Macbeth
    Shall live the lease of Nature, pay his breath
    To time, and mortal custom. – Yet my heart   100
    Throbs to know one thing: tell me (if your art
    Can tell so much), shall Banquo's issue ever
    Reign in this kingdom?

All.   Seek to know no more.

Macb. I will be satisfied: deny me this,
    And an eternal curse fall on you! Let me know. –   105
    Why sinks that cauldron? and what noise is this?

                   Hautboys.

1 Witch. Show!
2 Witch. Show!
3 Witch. Show!

All. Show his eyes, and grieve his heart;   110
    Come like shadows, so depart.

*A show of eight Kings, the last with a glass in his hand;
Banquo following.*

Donner. Dritte Erscheinung, ein gekröntes Kind mit einem
Baum in seiner Hand.[22]

Was ist das, das emporsteigt wie der Sproß eines Königs;
und trägt auf seiner Kinderstirn das Rund, die Krone[23]
der Herrschaft?

Alle. Höre, aber sprich nicht zu ihm.

3. Ersch. Sei wie ein Löwe, stolz, und achte nicht darauf,
[90] wer tobt, wer wütet oder wo Verschwörer sind:
Macbeth soll niemals besiegt werden, bis der große Wald
von Birnam[24] gegen ihn zum hohen Berg von Dunsinane
kommen wird.

Versinkt.

Macb. Das wird niemals sein: wer kann den Wald zum
Dienst zwingen; dem Baum befehlen, [95] seine erdge-
bundene Wurzel loszumachen? Süße Vorhersagungen!
Gut! Aufrührerische Tote, steht nicht auf, bis daß der
Wald von Birnam aufstehe;[25] und unser hochgestellter
Macbeth wird die naturgegebene Frist[26] leben, wird seinen Atem der Zeit und sterblichem Brauch[27] zurückge-
ben. – Doch klopft mein Herz [100] eines zu wissen: sagt
mir (wenn eure Kunst so viel sagen kann), wird Banquos
Nachkommenschaft jemals in diesem Königreich herrschen?

Alle. Suche nicht mehr zu wissen.

Macb. Ich will zufriedengestellt werden: verweigert mir
dies, und ein ewiger Fluch falle auf euch! Laßt es mich
wissen. – [105] Warum versinkt jener Kessel? Und was
für eine Musik[28] ist das?

Oboen.

1. Hexe. Zeigt euch!
2. Hexe. Zeigt euch!
3. Hexe. Zeigt euch!

Alle. Zeigt euch seinen Augen und betrübt sein Herz; [110]
wie Schatten kommt und geht.

Acht Könige ziehen vorbei, der letzte mit einem Spiegel in
der Hand; Banquo folgt.[29]

Macb. Thou art too like the spirit of Banquo: down!
     Thy crown does sear mine eye-balls: – and thy hair,
     Thou other gold-bound brow, is like the first: –
     A third is like the former: – filthy hags!   115
     Why do you show me this? – A fourth? – Start, eyes!
     What! will the line stretch out to th'crack of doom?
     Another yet? – A seventh? – I'll see no more: –
     And yet the eighth appears, who bears a glass,
     Which shows me many more; and some I see,   120
     That two-fold balls and treble sceptres carry.
     Horrible sight! – Now, I see, 'tis true;
     For the blood-bolter'd Banquo smiles upon me,
     And points at them for his. – What! is this so?

1 Witch. Ay, Sir, all this is so: – but why   125
     Stands Macbeth thus amazedly? –
     Come, sisters, cheer we up his sprites,
     And show the best of our delights.
     I'll charm the air to give a sound,
     While you perform your antic round;   130
     That this great King may kindly say,
     Our duties did his welcome pay.
       Music. The Witches dance, and vanish.
Macb. Where are they? Gone? – Let this pernicious hour
     Stand aye accursed in the calendar! –
     Come in, without there!
             Enter Lenox.
Len.   What's your Grace's will?   135
Macb. Saw you the Weïrd Sisters?
Len.   No, my Lord.
Macb. Came they not by you?
Len.   No, indeed, my Lord.
Macb. Infected be the air whereon they ride;
     And damn'd all those that trust them! – I did hear
     The galloping of horse: who was't came by?   140
Len. 'Tis two or three, my Lord, that bring you word,
     Macduff is fled to England.

Macb. Du bist Banquos Geist zu ähnlich: hinab! Deine Krone versengt meine Augäpfel: – und dein Haar,[30] du andere goldumschlossene Stirn, ist wie der erste: – ein dritter ist wie der vorige: – ihr widerlichen Hexen! [115] Warum zeigt ihr mir das? – Ein vierter? – Augen, quellt heraus! Was! Will sich die Reihe bis zum Donner des Jüngsten Gerichts erstrecken? Noch einer? – Ein siebenter? – Ich will nichts mehr sehen: – und doch erscheint der achte, der einen Spiegel trägt, der mir viele weitere zeigt; und einige sehe ich, [120] die zweifache Reichsäpfel[31] und dreifache Zepter tragen. Grauenhafter Anblick! – Jetzt sehe ich, es ist wahr; denn Banquo, das Haar von Blut verklebt[32], lächelt mir zu und zeigt auf sie als die Seinen. – Was! Ist dies so?

1. Hexe.[33] Ja, Sir, alles dies ist so: – aber warum [125] steht Macbeth so verstört? – Kommt, Schwestern, heitern wir seine Laune auf und zeigen ihm die besten unserer Vergnügungen. Ich will die Luft beschwören Musik zu machen, während ihr euren grotesken Tanz aufführt; [130] damit dieser große König freundlich sage, daß wir ihn mit Ehren willkommen geheißen haben.

Musik. Die Hexen tanzen und verschwinden.

Macb. Wo sind sie? Fort? – Auf immer verflucht soll diese verruchte Stunde im Kalender stehen! – Herein, dort draußen!

Lenox tritt auf.

Len. Was befehlen Euer Gnaden? [135]

Macb. Saht Ihr die Schicksalsschwestern?

Len. Nein, hoher Herr.

Macb. Kamen sie nicht an Euch vorbei?

Len. Nein, gewißlich, hoher Herr.

Macb. Verpestet sei die Luft, auf der sie reiten; und verdammt alle jene, die ihnen trauen! – Ich hörte das Galoppieren eines Pferdes: wer kam da vorbei? [140]

Len. Da sind zwei oder drei, hoher Herr, die Euch die Nachricht bringen, daß Macduff nach England geflohen ist.

Macb.   Fled to England?
Len. Ay, my good Lord.
Macb. [*Aside.*] Time, thou anticipat'st my dread exploits:
The flighty purpose never is o'ertook,   145
Unless the deed go with it. From this moment,
The very firstlings of my heart shall be
The firstlings of my hand. And even now,
To crown my thoughts with acts, be it thought and
                                        done:
The castle of Macduff I will surprise;   150
Seize upon Fife; give to th'edge o'th'sword
His wife, his babes, and all unfortunate souls
That trace him in his line. No boasting like a fool;
This deed I'll do, before this purpose cool:
But no more sights! – Where are these gentlemen?   155
Come, bring me where they are.
                    Exeunt.

                    SCENE II

            Fife. A room in Macduff's castle.

        Enter Lady Macduff, her Son, and Rosse.

L. Macd. What had he done, to make him fly the land?

Rosse. You must have patience, Madam.
L. Macd.   He had none:
His flight was madness: when our actions do not,
Our fears do make us traitors.
Rosse.   You know not,
Whether it was his wisdom, or his fear.   5
L. Macd. Wisdom! to leave his wife, to leave his babes,
His mansion, and his titles, in a place
From whence himself does fly? He loves us not:
He wants the natural touch; for the poor wren,
The most diminitive of birds, will fight,   10
Her young ones in her nest, against the owl.

Macb. Nach England geflohen?

Len. Ja, edler Herr.

Macb. (beiseite). Zeit, du kommst meinen schrecklichen Taten zuvor: die flüchtige Absicht wird niemals eingeholt,
[145] wenn nicht die Tat mit ihr zusammen geht. Von
diesem Augenblick an sollen die Erstlinge meines Herzens
die Erstlinge meiner Hand sein. Und sofort, um meine
Gedanken mit Taten zu krönen, sei es gedacht und getan: ich will Macduffs Burg überfallen; [150] Fife an
mich reißen; seine Frau, seine Kinder und alle unglück-
lichen Seelen, die ihm in seiner Linie nachfolgen, der
Schneide des Schwertes überantworten. Kein Prahlen wie
ein Narr; diese Tat tue ich, ehe die Absicht kalt ist: aber
keine Gesichte mehr! – Wo sind diese Herren? [155]
Kommt, bringt mich zu ihnen.

                    Sie gehen ab.

SZENE 2

Fife. Ein Raum in Macduffs Burg.

Lady Macduff, ihr Sohn und Rosse treten auf.

L. Macd. Was hat er getan, das ihn aus dem Land fliehen
läßt?

Rosse. Ihr müßt Geduld haben, gnädige Frau.

L. Macd. Er hatte keine. Seine Flucht war Wahnsinn: wenn
unsere Handlungen nicht, dann machen uns unsere Ängste
zu Verrätern.

Rosse. Ihr wißt nicht, ob es seine Weisheit war oder seine
Furcht. [5]

L. Macd. Weisheit! Seine Frau, seine kleinen Kinder, seinen Sitz und seine Titel[34] an einem Ort zurückzulassen,
von dem er selbst flieht? Er liebt uns nicht: ihm fehlt
das natürliche Gefühl; denn der schwache Zaunkönig, der
allerwinzigste der Vögel, kämpft, [10] hat er Junge im

All is the fear, and nothing is the love;
As little is the wisdom, where the flight
So runs against all reason.

Rosse.   My dearest coz,
I pray you, school yourself: but, for your husband,   15
He is noble, wise, judicious, and best knows
The fits o'th'season. I dare not speak much further:
But cruel are the times, when we are traitors,
And do not know ourselves; when we hold rumour
From what we fear, yet know not what we fear,   20
But float upon a wild and violent sea
Each way, and move – I take my leave of you:
Shall not be long but I'll be here again.
Things at the worst will cease, or else climb upward
To what they were before. – My pretty cousin,   25
Blessing upon you!

L. Macd. Father'd he is, and yet he's fatherless.
Rosse. I am so much a fool, should I stay longer,
It would be my disgrace, and your discomfort:
I take my leave at once.

                    Exit.

L. Macd.   Sirrah, your father's dead: 30
And what will you do now? How will you live?
Son. As birds do, mother.
L. Macd.   What, with worms and flies?
Son. With what I get, I mean; and so do they.

L. Macd. Poor bird! thou'dst never fear the net, nor lime,
The pit-fall, nor the gin.

Son.   Why should I, mother?   35
Poor birds they are not set for.
My father is not dead, for all your saying.
L. Macd. Yes, he is dead: how wilt thou do for a father?

Son. Nay, how will you do for a husband?

Nest, gegen die Eule.[35] Das alles ist Furcht, nichts ist
Liebe;[36] genauso gering ist die Weisheit, wo die Flucht so
gegen alle Vernunft geht.

Rosse. Meine liebste Kusine, ich bitte Euch, zügelt Euch:
doch was Euren Mann betrifft, [15] so ist er edel, weise,
scharfsichtig und kennt am besten die Krankheitsanfälle
der Zeit. Ich wage nicht viel mehr zu sagen: aber die
Zeiten sind grausam, wenn wir Verräter sind und es von
uns selbst nicht wissen; wenn wir Gerüchte empfangen
von dem, was wir fürchten, und doch nicht wissen, was
wir fürchten, [20] sondern auf einer wilden und heftigen
See hin und her treiben und uns bewegen[37] – ich nehme
Abschied von Euch: es[38] wird nicht lange dauern, und ich
werde wieder hier sein. Wenn die Dinge am schlimmsten
stehen, enden sie, oder aber sie steigen empor zu dem,
was sie vorher waren. – Mein hübscher Vetter, [25] Gott
segne Euch!

L. Macd. Einen Vater hat er und ist doch vaterlos.

Rosse. Ich bin so sehr ein Narr, bliebe ich länger, es wäre
meine Entwürdigung und Euer Unbehagen[39]: ich nehme
augenblicklich Abschied.

Er geht ab.

L. Macd. Freundchen, Euer Vater ist tot: [30] und was werdet Ihr jetzt machen? Wie wollt Ihr leben?

Sohn. Wie die Vögel,[40] Mutter.

L. Macd. Was, von Würmern und Fliegen?

Sohn. Von dem, was ich kriege, meine ich; und das tun sie
auch.

L. Macd. Armer Vogel! Du würdest weder das Netz fürchten noch den Leim, weder die Fallgrube noch die Schlin-
ge.

Sohn. Warum sollte ich, Mutter? [35] Armen Vögeln legt man
sie nicht aus. Mein Vater ist nicht tot, trotz allem was
Ihr sagt.

L. Macd. Doch, er ist tot: wo willst du einen Vater herkriegen?

Sohn. Vielmehr, wo wollt Ihr einen Ehemann herkriegen?

L. Macd. Why, I can buy me twenty at any market.   40

Son. Then you'll buy 'em to sell again.

L. Macd. Thou speak'st with all thy wit;
      And yet, i'faith, with wit enough for thee.

Son. Was my father a traitor, mother?

L. Macd. Ay, that he was.   45

Son. What is a traitor?

L. Macd. Why, one that swears and lies.

Son. And be all traitors that do so?

L. Macd. Every one that does so is a traitor, and must be hang'd. [50]

Son. And must they all be hang'd that swear and lie?

L. Macd. Every one.

Son. Who must hang them?

L. Macd. Why, the honest men.

Son. Then the liars and swearers are fools; [55] for there are liars and swearers enow to beat the honest men, and hang up them.

L. Macd. Now God help thee, poor monkey! But how wilt thou do for a father?

Son. If he were dead, you'ld weep for him: [60] if you would not, it were a good sign that I should quickly have a new father.

L. Macd. Poor prattler, how thou talk'st!

                    Enter a Messenger.

Mess. Bless you, fair dame! I am not to you known,
      Though in your state of honour I am perfect.   65
      I doubt, some danger does approach you nearly:
      If you will take a homely man's advice,
      Be not found here; hence, with your little ones.
      To fright you thus, methinks, I am too savage;
      To do worse to you were fell cruelty,   70
      Which is too nigh your person. Heaven preserve you!
      I dare abide no longer.

                    Exit.

L. Macd. Nun, ich kann mir zwanzig auf jedem Markt kaufen. [40]

Sohn. Dann kauft Ihr sie, um sie wieder zu verkaufen.

L. Macd. Du sprichst mit deinem ganzen Witz; und doch, fürwahr, für dich mit Witz genug.

Sohn. War mein Vater ein Verräter, Mutter?

L. Macd. Ja, das war er. [45]

Sohn. Was ist ein Verräter?

L. Macd. Nun, einer der schwört und lügt.[41]

Sohn. Und sind alle, die das tun, Verräter?

L. Macd. Jeder, der das tut, ist ein Verräter und muß aufgehängt werden. [50]

Sohn. Und müssen alle aufgehängt werden, die schwören und lügen?

L. Macd. Alle.

Sohn. Wer muß sie aufhängen?

L. Macd. Nun, die ehrlichen Leute. [54]

Sohn. Dann sind die, die lügen und schwören, Narren; denn es gibt Lügner und Schwörende genug, um die ehrlichen Leute zu verhauen und sie ihrerseits aufzuhängen.

L. Macd. Gott helfe dir, armes Äffchen! Aber wo willst du einen Vater herkriegen?

Sohn. Wenn er tot wäre, würdet Ihr um ihn weinen: tätet Ihr es nicht, wäre es ein gutes Zeichen, daß ich schnell einen neuen Vater kriegen werde. [62]

L. Macd. Armer kleiner Schwätzer, wie du redest!

Ein Bote tritt auf.

Bote. Gott segne Euch, gnädige Frau! Ich bin Euch unbekannt, obwohl ich mit Eurem Stand wohl vertraut bin. [65] Ich fürchte[42], daß sich Euch eine Gefahr nähert: wenn Ihr den Rat eines einfachen Mannes annehmen wollt, laßt Euch hier nicht finden; fort mit Euren Kleinen. Euch so zu erschrecken, ist zu roh von mir, finde ich; Euch Schlimmeres anzutun, wäre wilde Grausamkeit, [70] die Eurer Person schon zu nahe ist. Der Himmel behüte Euch! Ich wage nicht länger zu bleiben.

Er geht ab.

L. Macd.   Whither should I fly?
     I have done no harm. But I remember now
     I am in this earthly world, where, to do harm
     Is often laudable; to do good, sometime   75
     Accounted dangerous folly: why then, alas!
     Do I put up that womanly defence,
     To say, I have done no harm? What are these faces!
                    Enter Murderers.
Mur. Where is your husband?
L. Macd. I hope, in no place so unsanctified,   80
     Where such as thou may'st find him.
Mur.   He's a traitor.
Son. Thou liest, thou shag-hair'd villain!
Mur.   What, you egg!
                    Stabbing him.
     Young fry of treachery!
Son.   He has kill'd me, mother:
     Run away, I pray you!
                    Dies.
Exit Lady Macduff, crying 'Murther!' and pursued by the
                    Murderers.

                    SCENE III

     England. A room in the King's palace.

               Enter Malcolm and Macduff.

Mal. Let us seek out some desolate shade, and there
     Weep our sad bosoms empty.
Macd.   Let us rather
     Hold fast the mortal sword, and like good men
     Bestride our downfall birthdom. Each new morn,
     New widows howl, new orphans cry; new sorrows   5
     Strike heaven on the face, that it resounds
     As if it felt with Scotland, and yell'd out
     Like syllable of dolour.
Mal.   What I believe, I'll wail;

L. Macd. Wohin sollte ich fliehen? Ich habe nichts Böses getan. Aber ich erinnere mich nun, daß ich auf dieser irdischen Welt bin, wo es oft lobenswert ist, Böses zu tun; Gutes zu tun dagegen zuzeiten [75] für gefährliche Torheit gehalten wird: warum also, ach, verteidige ich mich wie eine Frau und sage, ich habe nichts Böses getan? Was sind das für Gesichter?

Mörder treten auf.

Mörd. Wo ist Euer Mann?

L. Macd. Ich hoffe, nicht an einem so unheiligen Ort, [80] wo einer wie du ihn finden kann.

Mörd. Er ist ein Verräter.

Sohn. Du lügst, du struppiger Schurke!

Mörd. Was, du Ei!

Er ersticht ihn.

Kleiner Balg eines Verräters!

Sohn. Er hat mich getötet, Mutter: lauft weg, ich bitte Euch!

Er stirbt.

Lady Macduff geht, »Mord!« rufend, ab und wird von den Mördern verfolgt.

SZENE 3

England. Ein Raum im Palast des Königs.

Malcolm und Macduff treten auf.

Mal. Laßt uns einen einsamen Schatten suchen und dort unsere traurigen Herzen leerweinen.

Macd. Laßt uns lieber unser tödliches Schwert festhalten und wie rechtschaffene Männer das gefallene Land unserer Geburt verteidigen.[43] An jedem neuen Morgen heulen neue Witwen, weinen neue Waisen; neue Sorgen [5] schlagen dem Himmel ins Gesicht, so daß er widerhallt, als ob er mit Schottland fühlte und die gleiche Silbe des Schmerzes gellend hinausschriee.

Mal. Was ich glaube, will ich beklagen, was ich weiß, glau-

What know, believe; and what I can redress,
As I shall find the time to friend, I will.   10
What you have spoke, it may be so, perchance.
This tyrant, whose sole name blisters our tongues,
Was once thought honest: you have lov'd him well;
He hath not touch'd you yet. I am young; but
                                           something
You may deserve of him through me, and wisdom   15
To offer up a weak, poor, innocent lamb,
T'appease an angry god.
Macd. I am not treacherous.
Mal.   But Macbeth is.
A good and virtuous nature may recoil,
In an imperial charge. But I shall crave your pardon:
That which you are my thoughts cannot transpose: 21
Angels are bright still, though the brightest fell:
Though all things foul would wear the brows of grace,
Yet Grace must still look so.
Macd.   I have lost my hopes.
Mal. Perchance even there where I did find my doubts. 25
Why in that rawness left you wife and child
(Those precious motives, those strong knots of love),
Without leave-taking? – I pray you,
Let not my jealousies be your dishonours,
But mine own safeties: you may be rightly just,   30
Whatever I shall think.
Macd.   Bleed, bleed, poor country!
Great tyranny, lay thou thy basis sure,
For goodness dare not check thee! wear thou thy
                                           wrongs;
The title is affeer'd! – Fare thee well, Lord:
I would not be the villain that thou think'st   35
For the whole space that's in the tyrant's grasp,
And the rich East to boot.
Mal.   Be not offended:
I speak not as in absolute fear of you.
I think our country sinks beneath the yoke;

ben; und was ich wiedergutmachen kann, wenn ich die
Zeit zum Freunde habe, will ich tun. [10] Was Ihr gesagt habt, das mag so sein, vielleicht. Dieser Tyrann,
dessen Name allein unsere Zungen mit Brandblasen bedeckt, wurde einstmals für ehrlich gehalten: Ihr habt ihn
sehr geliebt; er hat Euch noch nichts angetan. Ich bin
jung; aber Ihr könnt Euch durch mich um ihn verdient
machen, und es wäre Weisheit, [15] ein schwaches, armes,
unschuldiges Lamm aufzuopfern, um einen ärgerlichen
Gott zu besänftigen.

Macd. Ich bin kein Verräter.

Mal. Aber Macbeth. Eine gute und tugendhafte Natur mag
nachgeben unter einem königlichen Befehl. Doch ich muß
Euch um Verzeihung bitten: [20] das, was Ihr seid, können meine Gedanken nicht ändern. Engel sind noch immer strahlend, obgleich der lichteste fiel: wenn auch alle
bösen Dinge das Aussehen der Tugend trügen, so muß
doch Tugend trotzdem so aussehen.

Macd. Ich habe meine Hoffnungen verloren.

Mal. Vielleicht genau dort, wo ich meine Zweifel fand. [25]
Warum ließet Ihr Frau und Kind so ungeschützt zurück
(diese teuren Urheber, diese starken Bande der Liebe),
ohne Lebewohl zu sagen? Ich bitte Euch, meine Zweifel
sollen nicht Eure Entehrung sein, sondern meine eigene
Sicherheit: Ihr mögt in Wirklichkeit vertrauenswürdig
sein, [30] was immer ich denke.

Macd. Blute, blute, armes Land! Große Tyrannei, lege du
deinen festen Grund, denn Redlichkeit wagt nicht, dich
in Schach zu halten! Trage du deinen unrechtmäßigen
Besitz;[44] der Anspruch ist gesichert![45] — Lebe wohl, Herr:
ich möchte nicht der Schurke sein, für den du mich hältst,
[35] nicht um des ganzen Raumes willen, der im Zugriff des Tyrannen ist, und den reichen Osten obendrein.

Mal. Seid nicht beleidigt: ich spreche nicht wie in unbeding-
ter Furcht vor Euch. Ich bin der Meinung, unser Land
sinkt nieder unter dem Joch; es weint, es blutet; und an

It weeps, it bleeds; and each new day a gash   40
Is added to her wounds: I think, withal,
There would be hands uplifted in my right;
And here, from gracious England, have I offer
Of goodly thousands: but, for all this,
When I shall tread upon the tyrant's head,   45
Or wear it on my sword, yet my poor country
Shall have more vices than it had before,
More suffer, and more sundry ways than ever,
By him that shall succeed.

Macd.   What should he be?

Mal. It is myself I mean; in whom I know   50
All the particulars of vice so grafted,
That, when they shall be open'd, black Macbeth
Will seem as pure as snow; and the poor State
Esteem him as a lamb, being compar'd
With my confineless harms.

Macd.   Not in the legions   55
Of horrid Hell can come a devil more damn'd
In evils, to top Macbeth.

Mal.   I grant him bloody,
Luxurious, avaricious, false, deceitful,
Sudden, malicious, smacking of every sin
That has a name; but there's no bottom, none,   60
In my voluptuousness: your wives, your daughters,
Your matrons, and your maids, could not fill up
The cistern of my lust; and my desire
All continent impediments would o'erbear,
That did oppose my will: better Macbeth,   65
Than such an one to reign.

Macd.   Boundless intemperance
In nature is a tyranny; it hath been
Th'untimely emptying of the happy throne,
And fall of many kings. But fear not yet
To take upon you what is yours: you may   70
Convey your pleasures in a spacious plenty,
And yet seem cold – the time you may so hoodwink:

jedem neuen Tag wird eine klaffende Wunde [40] zu
seinen Wunden hinzugefügt. Gleichzeitig glaube ich, es
würden sich Hände erheben für mein Recht; und hier,
vom gnädigen England,[46] habe ich das Angebot von statt-
lichen Tausenden: aber, trotz alledem, wenn ich auf des
Tyrannen Kopf trete [45] oder diesen auf meinem
Schwert trage, wird mein armes Land mehr Laster haben
als es vorher hatte, mehr leiden und auf vielfältigere
Weise, als je zuvor, durch den, der nachfolgen wird.

Macd. Wer sollte das sein?

Mal. Ich meine mich selbst;[47] in welchen ich alle die Ein-
zelheiten des Lasters so eingepfropft weiß, [51] daß,
wenn sie sich aufgetan[48] haben, der schwarze Macbeth so
rein wie Schnee erscheinen wird; und der arme Staat ihn
für ein Lamm halten wird, verglichen mit meinen
schrankenlosen[49] Schlechtigkeiten.

Macd. In den Legionen [55] der grausigen Hölle kann
kein Teufel vorkommen, der für seine Verruchtheit verdammter wäre als Macbeth.

Mal. Ich gebe zu, daß er blutig, wollüstig[50], geizig, falsch,
hinterlistig, aufbrausend und boshaft ist, daß er nach
jeder Sünde schmeckt, die einen Namen hat; doch meine
Geilheit ist ohne, gänzlich ohne Boden: Eure Frauen,
Eure Töchter, [61] Eure Matronen und Eure Jungfrauen
könnten nicht die Zisterne meiner Lust auffüllen; und
meine Begierde würde alle keuschen[51] Hindernisse über-
winden, die sich meiner Lust entgegenstellen. Besser Macbeth [65] als solch einen zum Herrscher.

Macd. Grenzenlose Zügellosigkeit der Natur ist eine Tyrannei;[52] sie ist der Grund für das unzeitige Leerwerden
des glücklichen Thrones und der Fall vieler Könige gewesen. Aber fürchtet noch nicht, [69] auf Euch zu nehmen, was Euer ist: Ihr mögt verstohlen Euren Lüsten in
großem Übermaß frönen und dennoch kalt erscheinen –
die Welt mögt Ihr so hinters Licht führen: wir haben

      We have willing dames enough; there cannot be
      That vulture in you, to devour so many
      As will to greatness dedicate themselves,   75
      Finding it so inclin'd.

Mal.   With this, there grows
      In my most ill-compos'd affection such
      A staunchless avarice, that, were I King,
      I should cut off the nobles for their lands;
      Desire his jewels, and this other's house: 80
      And my more-having would be as a sauce
      To make me hunger more; that I should forge
      Quarrels unjust against the good and loyal,
      Destroying them for wealth.

Macd.   This avarice
      Sticks deeper, grows with more pernicious root   85
      Than summer-seeming lust; and it hath been
      The sword of our slain kings: yet do not fear;
      Scotland hath foisons to fill up your will,
      Of your mere own. All these are portable,
      With other graces weigh'd.   90

Mal. But I have none: the king-becoming graces,
      As Justice, Verity, Temp'rance, Stableness,
      Bounty, Perseverance, Mercy, Lowliness,
      Devotion, Patience, Courage, Fortitude,
      I have no relish of them; but abound   95
      In the division of each several crime,
      Acting it many ways. Nay, had I power, I should
      Pour the sweet milk of concord into Hell,
      Uproar the universal peace, confound
      All unity on earth.

Macd.   O Scotland! Scotland!   100

Mal. If such a one be fit to govern, speak:
      I am as I have spoken.

Macd.   Fit to govern?
      No, not to live. – O nation miserable!
      With an untitled tyrant bloody-scepter'd,
      When shalt thou see thy wholesome days again, 105

willige Damen genug; es kann nicht solch ein Geier in
Euch sein, um so viele zu verschlingen, wie sich der
Größe weihen wollen, [75] finden sie diese dazu geneigt.

Mal. Außerdem wächst da in meiner gänzlich aus Bösem
zusammengesetzten Veranlagung solch eine unersättliche
Habsucht, daß ich, wäre ich König, die Edlen um ihrer
Ländereien willen töten würde; des einen Juwelen begehren und des anderen Haus: [80] und mein Mehrhaben
würde wie eine Sauce sein, um mich hungriger zu machen, so daß ich ungerechten Streit mit den Guten und
Treuen vom Zaun brechen und sie um des Reichtums
willen vernichten würde.

Macd. Diese Habgier sitzt tiefer, wächst mit bösartigerer
Wurzel [85] als sommergleiche⁵³ Lust; und sie ist das
Schwert unserer erschlagenen Könige gewesen. Doch
fürchtet nicht; Schottland hat Reichtümer, Euer Verlan-
gen zu stillen, die Euer völliges Eigentum sind. Alle diese
Laster sind tragbar, aufgewogen durch andere Tugenden.
[90]

Mal. Aber ich habe keine: von den einem König anstehen-
den Tugenden wie Gerechtigkeit, Wahrheit, Mäßigung,
Beständigkeit, Freigebigkeit, Ausdauer, Barmherzigkeit,
Demut, Frömmigkeit, Geduld, Mut und Festigkeit habe
ich keine Spur; sondern bin reich [95] an Variationen
jedes einzelnen Verbrechens und verübe sie auf vielerlei
Weise. Nein, hätte ich Macht, ich würde die süße
Milch der Eintracht in die Hölle gießen, den allgemeinen
Frieden durcheinanderbringen und alle Einigkeit auf Er-
den zerstören.

Macd. O Schottland! Schottland! [100]

Mal. Wenn so jemand geeignet ist zu herrschen, sprich. Ich
bin, wie ich gesagt habe.

Macd. Geeignet zu herrschen? Nein, nicht zu leben. – O
unglückliche Nation! Unter dem blutigen Zepter eines
unrechtmäßigen Tyrannen, wann wirst du deine glücklichen Tage wiedersehen, [105] da der echteste Erbe deines

Since that the truest issue of thy throne
By his own interdiction stands accus'd,
And does blaspheme his breed? Thy royal father
Was a most sainted King: the Queen, that bore thee,
Oft'ner upon her knees than on her feet,   110
Died every day she liv'd. Fare thee well!
These evils thou repeat'st upon thyself
Hath banish'd me from Scotland. – O my breast,
Thy hope ends here!

Mal.   Macduff, this noble passion,
Child of integrity, hath from my soul   115
Wip'd the black scruples, reconcil'd my thoughts
To thy good truth and honour. Devilish Macbeth
By many of these trains hath sought to win me
Into his power, and modest wisdom plucks me
From over-credulous haste: but God above   120
Deal between thee and me! for even now
I put myself to thy direction, and
Unspeak mine own detraction; here abjure
The taints and blames I laid upon myself,
For strangers to my nature. I am yet   125
Unknown to woman; never was forsworn;
Scarcely have coveted what was mine own;
At no time broke my faith: would not betray
The Devil to his fellow; and delight
No less in truth, than life: my first false speaking   130
Was this upon myself. What I am truly,
Is thine, and my poor country's, to command:
Whither, indeed, before thy here-approach,
Old Siward, with ten thousand warlike men,
Already at a point, was setting forth.   135
Now we'll together, and the chance of goodness
Be like our warranted quarrel. Why are you silent?

Macd. Such welcome and unwelcome things at once,
'Tis hard to reconcile.

Enter a Doctor.

Throns durch seine eigene Entmündigung[54] unter Anklage
steht und seine Familie verleumdet. Dein königlicher
Vater war ein höchst heiliger König; die Königin, die
dich gebar, öfter auf ihren Knien als auf den Füßen,
[110] starb jeden Tag, den sie lebte. Lebe wohl! Die
Schlechtigkeiten, die du im Hinblick auf dich selbst auf-
zählst, haben mich aus Schottland verbannt. – O mein
Herz, deine Hoffnung endet hier!

Mal. Macduff, diese edle Leidenschaft, [114] ein Kind der
Rechtschaffenheit, hat die schwarzen Zweifel aus meiner
Seele fortgewischt, hat meine Gedanken mit deiner redlichen Wahrheit und Ehre ausgesöhnt. Der teuflische
Macbeth hat durch viele dieser falschen Fährten versucht,
mich in seine Gewalt zu locken, und nüchterne Klugheit
zieht mich von allzu leichtgläubiger Eile zurück: aber
Gott über uns [120] sei unser Makler! Denn in diesem
Augenblick überlasse ich mich deiner Führung und nehme
meine Selbstverleumdung zurück; schwöre hier den Ma-
keln und Fehlern ab, die ich mir selbst zugelegt habe,
als meinem Wesen fremd. Ich habe bis jetzt [125] keine
Frau gekannt; war niemals meineidig; habe kaum be-
gehrt, was mein eigen war; zu keiner Zeit mein Wort ge-
brochen: würde den Teufel nicht an seinen Genossen
verraten; und liebe die Wahrheit nicht weniger als das
Leben: meine erste Lüge [130] war diese über mich selbst.
Was ich wirklich bin, ist dein und meines armen Landes,
darüber zu verfügen: wohin, in der Tat, vor deiner An-
kunft der alte Siward[55] mit zehntausend Männern schon
bereitstand aufzubrechen. [135] Jetzt gehen wir zusammen, und die Chance des Erfolges[56] entspreche der Gerechtigkeit unseres Streites. Warum schweigt Ihr?

Macd. Solche willkommenen und solche unwillkommenen
Dinge auf einmal bringt man schwer in Einklang.
           Ein Arzt tritt auf.

Mal.   Well, more anon.
 Comes the King forth, I pray you?   140
Doct. Aye, Sir; there are a crew of wretched souls,
 That stay his cure: their malady convinces
 The great assay of art; but at his touch,
 Such sanctity hath Heaven given his hand,
 They presently amend.
Mal.   I thank you, Doctor.   145

Exit Doctor.

Macd. What's the disease he means?
Mal.   'Tis call'd the Evil:
 A most miraculous work in this good King,
 Which often, since my here-remain in England,
 I have seen him do. How he solicits Heaven,
 Himself best knows; but strangely-visited people,   150
 All swoln and ulcerous, pitiful to the eye,
 The mere despair of surgery, he cures;
 Hanging a golden stamp about their necks,
 Put on with holy prayers: and 'tis spoken,
 To the succeeding royalty he leaves   155
 The healing benediction. With this strange virtue,
 He hath a heavenly gift of prophecy;
 And sundry blessings hang about his throne,
 That speak him full of grace.

Enter Rosse.

Macd.   See, who comes here.
Mal. My countryman; but yet I know him not.   160

Macd. My ever-gentle cousin, welcome hither.

Mal. I know him now. Good God, betimes remove
 The means that makes us strangers!
Rosse.   Sir, amen.
Macd. Stands Scotland where it did?
Rosse.   Alas, poor country!
 Almost afraid to know itself. It cannot   165
 Be call'd our mother, but our grave; where nothing,

Mal. Nun, nachher mehr. Geht der König aus, ich bitte
Euch? [140]

Arzt. Ja, Sir; da ist eine Schar unglücklicher Seelen, die auf
seine Heilung warten. Ihre Krankheit besiegt den großen
Versuch der Kunst; aber bei seiner Berührung, solche
Heiligkeit hat der Himmel seiner Hand gegeben, werden
sie augenblicklich gesund.

Mal. Ich danke Euch, Doktor. [145]

Der Arzt geht ab.

Macd. Was für eine Krankheit meint er?

Mal. Sie heißt das Übel[57]: ein höchst wundertätiges Werk
dieses guten Königs, das ich ihn oft, seit meinem Hier-
sein in England, habe tun sehen. Wie er den Himmel an-
fleht, weiß er am besten; aber seltsam heimgesuchte
Leute, [150] ganz geschwollen und mit Geschwüren bedeckt, erbarmungswürdig zu sehen, die völlige Verzweif-
lung der Chirurgie, heilt er, indem er eine goldene
Münze[58] um ihren Hals hängt, mit heiligen Gebeten. Und
es wird gesagt, [154] daß er den heilenden Segen den
nachfolgenden Königen vererbt. Zusammen mit dieser
seltsamen Kraft hat er die himmlische Gabe der Weissa-
gung; und vielfältiger Segen hängt an seinem Thron, der
ihn als voll der Gnade bezeugt.

Rosse tritt auf.

Macd. Seht, wer hier kommt.

Mal. Ein Landsmann;[59] aber trotzdem kenne ich ihn nicht.
[160]

Macd. Mein immer liebenswürdiger Vetter, willkommen
hier.

Mal. Jetzt erkenne ich ihn. Guter Gott, entferne beizeiten
das, was uns zu Fremden macht!

Rosse. Sir, amen.

Macd. Steht es um Schottland wie zuvor?

Rosse. Ach, armes Land! Fast bange davor, sich selbst zu
kennen. Es kann nicht [165] unsere Mutter genannt werden, sondern unser Grab; wo man nichts, als wer nichts

But who knows nothing, is once seen to smile;
Where sighs, and groans, and shrieks that rent the air
Are made, not mark'd; where violent sorrow seems
A modern ecstasy: the dead man's knell   170
Is there scarce ask'd for who; and good men's lives
Expire before the flowers in their caps,
Dying or ere they sicken.
Macd.   O relation,
Too nice, and yet too true!
Mal.   What's the newest grief?
Rosse. That of an hour's age doth hiss the speaker;   175
Each minute teems a new one.
Macd.   How does my wife?
Rosse. Why, well.
Macd.   And all my children?
Rosse.   Well too.
Macd. The tyrant has not batter'd at their peace?
Rosse. No; they were well at peace, when I did leave 'em.

Macd. Be not a niggard of your speech: how goes't?   180

Rosse. When I came hither to transport the tidings,
Which I have heavily borne, there ran a rumour
Of many worthy fellows that were out;
Which was to my belief witness'd the rather,
For that I saw the tyrant's power afoot.   185
Now is the time of help. Your eye in Scotland
Would create soldiers, make our women fight,
To doff their dire distresses.
Mal.   Be't their comfort,
We are coming thither. Gracious England hath
Lent us good Siward, and ten thousand men;   190
An older, and a better soldier, none
That Christendom gives out.
Rosse.   Would I could answer
This comfort with the like! But I have words,

weiß, jemals lächeln sieht; wo Seufzer, Stöhnen und
Schreie, die die Luft zerreißen,[60] ausgestoßen und nicht
beachtet werden; wo wildes Leid eine alltägliche[61] Leidenschaft scheint: des toten Mannes Grabgeläut [170] wird
dort kaum befragt für wen; und das Leben guter Männer welkt hin noch vor den Blumen an ihren Mützen,
indem sie sterben, noch ehe sie krank werden.

Macd. O Erzählung, zu genau und doch zu wahr!

Mal. Was ist das neueste Leid?

Rosse. Das von vor einer Stunde zischt den Sprecher aus;[62]
[175] jede Minute bringt ein neues hervor.

Macd. Wie geht es meiner Frau?

Rosse. Nun, gut.

Macd. Und allen meinen Kindern?

Rosse. Auch gut.

Macd. Der Tyrann hat ihren Frieden nicht bestürmt?

Rosse. Nein; sie hatten ihren völligen Frieden,[63] als ich sie
verließ.

Macd. Seid kein Geizhals mit Euren Worten: wie steht es?
[180]

Rosse. Als ich hierher aufbrach, die Nachricht zu überbringen, an der ich schwer getragen habe, da lief ein Gerücht
um von vielen achtbaren Leuten, die ins Feld gezogen
seien; was mein Glaube um so mehr bestätigt fand, als
ich die Streitkräfte des Tyrannen in Bewegung sah. [185]
Jetzt ist die Zeit zur Hilfe. Euer Auge[64] würde in Schottland Soldaten erschaffen, würde unsere Frauen kämpfen
machen, um ihr gräßliches Elend abzustreifen.[65]

Mal. Sei es ihnen ein Trost, daß wir kommen. Der gnädige
England hat uns den guten Siward und zehntausend
Mann geliehen; [190] keines älteren und besseren Solda-
ten kann sich die Christenheit rühmen.

Rosse. Ich wollte, ich könnte diesen Trost mit gleichem beantworten! Aber ich habe Worte, die in die leere Luft

That would be howl'd out in the desert air,
Where hearing should not latch them.
Macd.   What concern they?
The general cause? or is it a fee-grief,   196
Due to some single breast?
Rosse.   No mind that's honest
But in it shares some woe, though the main part
Pertains to you alone.
Macd.   If it be mine,
Keep it not from me; quickly let me have it.   200
Rosse. Let not your ears despise my tongue for ever,
Which shall possess them with the heaviest sound,
That ever yet they heard.
Macd.   Humh! I guess at it.
Rosse. Your castle is surpris'd; your wife, and babes,
Savagely slaughter'd: to relate the manner,   205
Were, on the quarry of these murther'd deer,
To add the death of you.
Mal.   Merciful Heaven! –
What, man! ne'er pull your hat upon your brows:
Give sorrow words; the grief, that does not speak,
Whispers the o'er-fraught heart, and bids it break.   210
Macd. My children too?
Rosse.   Wife, children, servants, all
That could be found.
Macd.   And I must be from thence!
My wife kill'd too?
Rosse.   I have said.
Mal.   Be comforted:
Let's make us med'cines of our great revenge,
To cure this deadly grief.   215
Macd. He has no children. – All my pretty ones?
Did you say all? – O Hell-kite! – All?
What, all my pretty chickens, and their dam,
At one fell swoop?
Mal. Dispute it like a man.
Macd.   I shall do so;   220

hinausgeheult werden sollten, wo das Ohr sie nicht auffangen kann.

Macd. Was betreffen sie? [195] Die allgemeine Sache? Oder
ist es ein privates Leid,[66] das einem Herzen allein gehört?

Rosse. Kein aufrechtes Herz, das nicht an einem Kummer
teilnimmt, obwohl der Hauptanteil Euch betrifft.

Macd. Wenn er mein ist, enthaltet ihn mir nicht vor; laßt
ihn mich schnell wissen. [200]

Rosse. Laßt nicht Eure Ohren meine Zunge auf immer verachten, die ihnen die schwersten Worte mitteilen wird,
die sie bis jetzt jemals hörten.

Macd. Hm![67] Ich errate.

Rosse. Eure Burg ist überfallen; Eure Frau und Kinder
brutal hingeschlachtet: zu erzählen, auf welche Art und
Weise, [205] hieße, der Strecke[68] hingemordeten Reh-
wilds[69] Euren Tod hinzuzufügen.

Mal. Barmherziger Himmel! – Was, Mann! Zieht nicht den
Hut so tief in die Stirn: gebt dem Schmerz Worte. Das
Leid, das nicht spricht, flüstert dem überbürdeten Herzen
zu, es möge brechen. [210]

Macd. Meine Kinder auch?

Rosse. Frau, Kinder, Diener, alle, die man finden konnte.

Macd. Und ich mußte fort sein! Meine Frau auch getötet?

Rosse. Ich habe es gesagt.

Mal. Seid getrost: wir wollen uns aus unsrer großen Rache
eine Medizin machen,[70] um dieses tödliche Weh zu heilen.
[215]

Macd. Er hat keine Kinder.[71] – Alle meine Lieblinge? Sagtet Ihr alle? – O Höllen-Habicht! – Alle? Was, alle meine
niedlichen Küken und ihre Glucke mit einem einzigen
grausamen Stoß?[72]

Mal. Kämpft dagegen an wie ein Mann. [220]

Macd. Das werde ich; aber ich muß es auch fühlen wie ein

But I must also feel it as a man:
I cannot but remember such things were,
That were most precious to me. – Did Heaven look on,
And would not take their part? Sinful Macduff!
They were all struck for thee. Naught that I am,   225
Not for their own demerits, but for mine,
Fell slaughter on their souls: Heaven rest them now!

Mal. Be this the whetstone of your sword: let grief
Convert to anger; blunt not the heart, enrage it.

Macd. O! I could play the woman with mine eyes,   230
And braggart with my tongue. – But, gentle Heavens,
Cut short all intermission; front to front,
Bring thou this fiend of Scotland, and myself;
Within my sword's length set him; if he 'scape,
Heaven forgive him too!

Mal.   This tune goes manly.   235
Come, go we to the King: our power is ready;
Our lack is nothing but our leave. Macbeth
Is ripe for shaking, and the Powers above
Put on their instruments. Receive what cheer you may;
The night is long that never finds the day.

                 Exeunt.

Mensch[73]: ich kann nicht anders als mich erinnern, daß
es solche Dinge gab, die mir das Teuerste waren. – Sah
der Himmel zu und wollte nicht ihre Partei ergreifen?
Sündiger Macduff! Sie wurden alle für dich erschlagen.
Sündhaft wie ich bin, [225] kam nicht für ihr Verschul-
den, sondern für meins das Blutbad über ihre Seelen:
der Himmel gebe ihnen jetzt Frieden!

Mal. Sei dies der Schleifstein Eures Schwertes: laßt Gram
zu Zorn werden; stumpft das Herz nicht ab, erzürnt es.

Macd. Oh! Ich könnte ein Weib mit meinen Augen spielen
[230] und einen Angeber mit meiner Zunge. – Doch,
gütiger Himmel, beende jede Unterbrechung; Stirn zu
Stirn stelle mich diesem Satan Schottlands gegenüber;
bringe ihn in die Reichweite meines Schwertes; falls er
entkommt, vergebe ihm auch der Himmel!

Mal. Diese Melodie klingt männlich. [235] Kommt, gehen
wir zum König: unsere Armee ist bereit; uns fehlt nichts
als der Abschied. Macbeth ist reif zum Schütteln, und die
Mächte über uns legen ihre Waffen an. Seid so guten
Mutes wie Ihr könnt; die Nacht ist lang, die niemals
den Tag findet.[74] [240]

Sie gehen ab.

ACT V

SCENE I

Dunsinane. A room in the castle.

Enter a Doctor of Physic and a Waiting-Gentlewoman.

Doct. I have two nights watch'd with you, but can perceive no truth in your report. When was it she last walk'd?

Gent. Since his Majesty went into the field, I have seen her rise from her bed, throw her night-gown upon her, [5] unlock her closet, take forth paper, fold it, write upon't, read it, afterwards seal it, and again return to bed; yet all this while in a most fast sleep.

Doct. A great perturbation in nature, to receive at once the benefit of sleep, and do the effects of watching! [10] In this slumbery agitation, besides her walking and other actual performances, what, at any time, have you heard her say?

Gent. That, Sir, which I will not report after her.

Doct. You may, to me; and 'tis most meet you should. [15]

Gent. Neither to you, nor any one; having no witness to confirm my speech.
            Enter Lady Macbeth, with a taper.
Lo you! here she comes. This is her very guise; and, upon my life, fast asleep. Observe her: stand close.

Doct. How came she by that light? [20]

Gent. Why, it stood by her: she has light by her continually; 'tis her command.

Doct. You see, her eyes are open.

Gent. Ay, but their sense are shut.

Doct. What is it she does now? Look, how she rubs her hands. [25]

AKT V

SZENE 1

Dunsinane. Ein Raum in der Burg.

Ein Arzt und eine Kammerfrau treten auf.

Arzt. Ich habe zwei Nächte mit Euch gewacht, kann aber an Eurem Bericht nichts Wahres finden. Wann ist sie das letzte Mal gewandelt?

K.frau. Seit Seine Majestät ins Feld gezogen ist, habe ich gesehen, wie sie von ihrem Bett aufstand, ihr Hausgewand überwarf, [5] ihren Wandschrank aufschloß, Papier herausnahm, es faltete,[1] darauf schrieb, es las, es danach versiegelte und wieder ins Bett zurückkehrte; dennoch die ganze Zeit in tiefstem Schlaf.

Arzt. Eine große Störung in der Natur, zugleich die Wohltat des Schlafes zu empfangen und die Verrichtungen des Wachens auszuführen! [10] Was habt Ihr sie in diesem schlafenden Aufruhr, außer ihrem Schlafwandeln und anderen verrichteten Handlungen, zu irgendeiner Zeit sagen hören?

K.frau. Das, Sir, was ich nicht wiederholen will.

Arzt. Zu mir könnt Ihr es, und es ist höchst angemessen, daß Ihr es tut. [15]

K.frau. Weder zu Euch noch zu irgend jemand; da ich keinen Zeugen habe, der meine Worte bekräftigt.

Lady Macbeth tritt auf mit einer Kerze.

Seht! Da kommt sie. Genau so pflegt sie es zu tun; und, bei meinem Leben, in tiefem Schlaf. Beobachtet sie: verbergt Euch.

Arzt. Wie kam sie zu dem Licht? [20]

K.frau. Nun, es stand neben ihr: sie hat immer Licht in ihrer Nähe, es ist ihr Befehl.

Arzt. Seht Ihr, ihre Augen sind offen.

K.frau. Ja, aber deren Sinn ist zu.

Arzt. Was tut sie denn jetzt? Schaut, wie sie sich die Hände reibt. [25]

Gent. It is an accustom'd action with her, to seem thus washing her hands. I have known her continue in this a quarter of an hour.

Lady M. Yet here's a spot. [30]

Doct. Hark! she speaks. I will set down what comes from her, to satisfy my remembrance the more strongly.

Lady M. Out, damned spot! out, I say! – One; two: why, then 'tis time to do't. – Hell is murky. – Fie, my Lord, fie! a soldier, and afeard? [35] – What need we fear who knows it, when none can call our power to accompt? – Yet who would have thought the old man to have had so much blood in him?

Doct. Do you mark that?

Lady M. The Thane of Fife had a wife: where is she now? [40] – What, will these hands ne'er be clean? – No more o'that, my Lord, no more o'that: you mar all with this starting.

Doct. Go to, go to: you have known what you should not.

Gent. She has spoke what she should not, I am sure of that: [45] Heaven knows what she has known.

Lady M. Here's the smell of the blood still: all the perfumes of Arabia will not sweeten this little hand. Oh! oh! oh!

Doct. What a sigh is there! The heart is sorely charg'd. [50]

Gent. I would not have such a heart in my bosom, for the dignity of the whole body.

Doct. Well, well, well.

Gent. Pray God it be, sir.

Doct. This disease is beyond my practice: [55] yet I have known those which have walk'd in their sleep, who have died holily in their beds.

Lady M. Wash your hands, put on your night-gown; look

K.frau. Das ist ihre übliche Geste, sich so scheinbar die Hände zu waschen. Ich habe erlebt, wie sie damit eine Viertelstunde lang fortfuhr.

Lady M. Da ist immer noch ein Fleck. [30]

Arzt. Horch! Sie spricht. Ich will aufschreiben, was von ihr kommt, um meine Erinnerung um so kräftiger zu unterstützen.

Lady M. Raus, verdammter Fleck! Raus, sage ich! – Eins, zwei²: nun, dann ist es Zeit, es zu tun. – Die Hölle ist düster. – Pfui, mein Gebieter, pfui! Ein Soldat und ängstlich? – [35] Was brauchen wir darum zu bangen, wer es weiß, wenn keiner unsere Macht zur Rechenschaft ziehen kann? – Doch wer hätte gedacht, daß der alte Mann so viel Blut in sich gehabt hätte?

Arzt. Hört Ihr das?

Lady M. Der Than von Fife hatte eine Frau³: wo ist sie [40] jetzt? – Was, wollen diese Hände niemals sauber werden? – Nichts mehr davon, mein Gebieter, nichts mehr davon: Ihr verderbt alles mit diesem Zusammenzucken.

Arzt. Geht zu, geht zu: Ihr habt erfahren, was Ihr nicht solltet.⁴

K.frau. Sie hat gesagt, was sie nicht sollte, dessen bin ich sicher. [45] Weiß der Himmel, was sie erfahren hat.

Lady M. Hier ist noch der Geruch des Blutes: alle Wohlgerüche Arabiens werden diese kleine Hand nicht süßer riechen lassen. Oh! oh! oh!

Arzt. Was für ein Seufzer das ist! Dies Herz ist schwer beladen. [50]

K.frau. Ich möchte nicht solch ein Herz in meinem Busen haben, nicht um den Wert des ganzen Körpers.

Arzt. Gut, gut, gut.

K.frau. Gebe Gott, es wäre, Sir.

Arzt. Diese Krankheit ist jenseits meiner Kunst; [55] dennoch habe ich welche gekannt, die im Schlaf gewandelt und die doch fromm in ihren Betten gestorben sind.

Lady M. Wascht Euch die Hände, zieht Euer Hausgewand

not so pale. – I tell you yet again, Banquo's buried: he
cannot come out on's grave. [60]

Doct. Even so?
Lady M. To bed, to bed: there's knocking at the gate.
Come, come, come, come, give me your hand. What's
done cannot be undone. To bed, to bed, to bed. [65]
                              Exit.

Doct. Will she go now to bed?
Gent. Directly.
Doct. Foul whisp'rings are abroad. Unnatural deeds
     Do breed unnatural troubles: infected minds
     To their deaf pillows will discharge their secrets.   70
     More needs she the divine than the physician. –
     God, God forgive us all! Look after her;
     Remove from her the means of all annoyance,
     And still keep eyes upon her. – So, good night:
     My mind she has mated, and amaz'd my sight.   75
     I think, but dare not speak.
Gent.   Good night, good Doctor.
                              Exeunt.

SCENE II

The country near Dunsinane.

Enter, with drums and colours, Menteth, Cathness, Angus,
            Lenox, and Soldiers.

Ment. The English power is near, led on by Malcolm,
     His uncle Siward, and the good Macduff.
     Revenges burn in them; for their dear causes
     Would, to the bleeding and the grim alarm,
     Excite the mortified man.
Ang.   Near Birnam wood   5
     Shall we well meet them: that way are they coming.
Cath. Who knows if Donalbain be with his brother?

an; seht nicht so bleich aus. – Ich sage es Euch noch einmal, Banquo ist begraben: er kann nicht aus[5] seinem Grab herauskommen. [60]

Arzt. So ist das?

Lady M. Zu Bett, zu Bett: es klopft ans Tor. Kommt, kommt, kommt, kommt, gebt mir Eure Hand. Was geschehen ist, kann nicht ungeschehen gemacht werden. Zu Bett, zu Bett, zu Bett. [65]

Sie geht ab.

Arzt. Wird sie jetzt zu Bett gehen?

K.frau. Augenblicklich.

Arzt. Abscheuliches Flüstern geht um. Unnatürliche Taten brüten unnatürliche Leiden aus: vergiftete Seelen entladen ihre Geheimnisse in ihre tauben Kissen. [70] Sie braucht mehr den Geistlichen als den Arzt. – Gott, Gott vergebe uns allen! Kümmert Euch um sie; nehmt ihr alles fort, womit sie sich verletzen[6] könnte, und behaltet sie immer im Auge. – Gute Nacht denn: sie hat meinen Geist bestürzt und meine Augen verwirrt. [75] Ich denke, aber wage nicht zu sprechen.

K.frau. Gute Nacht, guter Doktor.

Sie gehen ab.

SZENE 2

Die Gegend in der Nähe von Dunsinane.

Es treten auf, mit Trommeln und Fahnen, Menteth, Cathness, Angus, Lenox und Soldaten.

Ment. Die englische Armee ist nahe, geführt von Malcolm, seinem Onkel Siward[7] und dem guten Macduff. Rache brennt in ihnen; denn das Leid, das sie zur Tat bewegt,[8] würde selbst den Abgestorbenen zu Blutvergießen[9] und grimmigem Aufruhr erwecken.

Ang. In der Nähe des Waldes von Birnam [5] werden wir sie gewiß treffen: dort kommen sie entlang.

Cath. Wer weiß, ob Donalbain bei seinem Bruder ist?

Len. For certain, Sir, he is not. I have a file
    Of all the gentry: there is Siward's son,
    And many unrough youths, that even now   10
    Protest their first of manhood.

Ment.   What does the tyrant?

Cath. Great Dunsinane he strongly fortifies.
    Some say he's mad; others, that lesser hate him,
    Do call it valiant fury: but, for certain,
    He cannot buckle his distemper'd cause   15
    Within the belt of rule.

Ang.   Now does he feel
    His secret murthers sticking on his hands;
    Now minutely revolts upbraid his faith-breach:
    Those he commands move only in command,
    Nothing in love: now does he feel his title   20
    Hang loose about him, like a giant's robe
    Upon a dwarfish thief.

Ment.   Who then shall blame
    His pester'd senses to recoil and start,
    When all that is within him does condemn
    Itself, for being there?

Cath.   Well; march we on,   25
    To give obedience where 'tis truly ow'd:
    Meet we the med'cine of the sickly weal;
    And with him pour we, in our country's purge,
    Each drop of us.

Len.   Or so much as it needs
    To dew the sovereign flower, and drown the weeds. 30
    Make we our march towards Birnam.

                Exeunt, marching.

Len. Ganz sicher, Sir, ist er das nicht. Ich habe eine Liste
aller Standespersonen: da ist Siwards Sohn und viele
glattwangige Jünglinge, die augenblicklich [10] den Beginn ihrer Mannhaftigkeit verkünden werden.

Ment. Was tut der Tyrann?

Cath. Er befestigt schwer das große Dunsinane. Einige sagen, er ist verrückt; andere, die ihn weniger hassen,
nennen es tapferen Zorn: doch das ist sicher, [14] er
kann seine kranke Sache nicht in den Gürtel der Herrschaft einschnallen.[10]

Ang. Nun fühlt er seine heimlichen Morde an seinen Hän-
den kleben; nun werfen minütliche Revolten ihm seinen
Treuebruch vor: diejenigen, denen er befiehlt, bewegen
sich nur auf Befehl, nicht aus Liebe. Nun fühlt er sein
Königtum [20] lose um sich herumhängen wie das Ge-
wand eines Riesen[11] an einem diebischen Zwerg.

Ment. Wer kann es also seinen geplagten Sinnen übelneh-
men, daß sie nachgeben[12] und auffahren, wenn alles, was
in ihm ist, sich selbst dafür verdammt, daß es dort ist?

Cath. Nun, marschieren wir weiter, [25] um dort Gehorsam zu leisten, wo er wahrhaft geschuldet wird: treffen
wir die Arznei[13] des kranken Gemeinwesens; und vergießen wir mit ihm, bei der Reinigung[14] unseres Landes,
jeden Tropfen unseres Blutes.

Len. Oder soviel wie nötig ist, um die königliche Blume
zu betauen und das Unkraut zu ertränken. [30] Marschieren wir nach Birnam.

     Sie marschieren ab.

SCENE III

Dunsinane. A room in the castle.

Enter Macbeth, Doctor, and Attendants.

Macb. Bring me no more reports; let them fly all:
    Till Birnam wood remove to Dunsinane,
    I cannot taint with fear. What's the boy Malcolm?
    Was he not born of woman? The spirits that know
    All mortal consequence have pronounc'd me thus: 5
    'Fear not, Macbeth; no man that's born of woman
    Shall e'er have power upon thee.' – Then fly, false
                        Thanes,
    And mingle with the English epicures:
    The mind I sway by, and the heart I bear,
    Shall never sag with doubt, nor shake with fear.   10
                 Enter a Servant.
    The devil damn thee black, thou cream-fac'd loon!
    Where gott'st thou that goose look?

Serv. There is ten thousand –
Macb.   Geese, villain?
Serv.   Soldiers, Sir.
Macb. Go, prick thy face, and over-red thy fear,
    Thou lily-liver'd boy. What soldiers, patch?   15
    Death of thy soul! those linen cheeks of thine
    Are counsellors to fear. What soldiers, whey-face?
Serv. The English force, so please you.
Macb. Take thy face hence. [*Exit Servant.*] – Seyton! –
                  I am sick at heart,
    When I behold – Seyton, I say! – This push   20
    Will cheer me ever, or disseat me now.
    I have liv'd long enough: my way of life
    Is fall'n into the sere, the yellow leaf;
    And that which should accompany old age,
    As honour, love, obedience, troops of friends,   25
    I must not look to have; but in their stead,
    Curses, not loud, but deep, mouth-honour, breath,

SZENE 3

Dunsinane. Ein Raum in der Burg.

Macbeth, der Arzt und Gefolge treten auf.

Macb. Bringt mir keine weiteren Berichte mehr; sollen sie
alle fliehen: bis sich der Wald von Birnam nach Dunsinane begibt, kann Furcht mich nicht verderben. Was ist
der Knabe Malcolm? Wurde er nicht von einer Frau geboren? Die Geister, die die Zukunft alles Irdischen kennen,
haben mir verkündet: [5] »Sei ohne Furcht, Macbeth;
kein Mensch, den eine Frau geboren, soll jemals Macht
über dich haben.« – So flieht, falsche Thane, und mischt
euch unter die englischen Epikureer[15]: der Wille, der mich
leitet, und das Herz, das ich trage, sollen niemals unter
Zweifeln sinken, noch vor Furcht zittern. [10]

Ein Diener tritt auf.

Der Teufel verwünsche dich, bis du schwarz bist, du
milchgesichtiger Lümmel! Woher hast du dieses Aussehen einer Gans?

Diener. Da sind zehntausend –

Macb. Gänse, Schuft?

Diener. Soldaten, Sir.

Macb. Geh, zerstich dein Gesicht und überröte deine Furcht,
du hasenherziger[16] Knabe. Was für Soldaten, Narr? [15]
Beim Tod deiner Seele! Deine lakenweißen Wangen sind
Ratgeber der Furcht.[17] Was für Soldaten, Käsegesicht?[18]

Diener. Die englische Streitmacht, mit Eurer Erlaubnis.

Macb. Entferne dein Gesicht.

Der Diener geht ab.

– Seyton! – Mir wird speiübel, wenn ich sehe – Seyton,
sage ich! – Dieser Ansturm [20] wird mich auf immer
aufmuntern[19] oder augenblicklich stürzen. Ich habe lange
genug gelebt: mein Lebensweg ist welk geworden, seine
Blätter gelb; und was das Alter begleiten sollte, wie
Ehre, Liebe, Gehorsam, Scharen von Freunden, [25] darf
ich nicht erhoffen; aber an ihrer Statt Flüche, nicht laut,

Which the poor heart would fain deny, and dare not.
Seyton! –

Enter Seyton.

Sey. What's your gracious pleasure?

Macb.   What news more?   30

Sey. All is confirm'd, my Lord, which was reported.

Macb. I'll fight, till from my bones my flesh be hack'd.
Give me my armour.

Sey.   'Tis not needed yet.

Macb. I'll put it on.
Send out moe horses, skirr the country round;   35
Hang those that talk of fear. Give me mine armour. –
How does your patient, Doctor?

Doct.   Not so sick, my Lord,
As she is troubled with thick-coming fancies,
That keep her from her rest.

Macb.   Cure her of that:
Canst thou not minister to a mind diseas'd,   40
Pluck from the memory a rooted sorrow,
Raze out the written troubles of the brain,
And with some sweet oblivious antidote
Cleanse the stuff'd bosom of that perilous stuff
Which weighs upon the heart?

Doct.   Therein the patient   45
Must minister to himself.

Macb. Throw physic to the dogs; I'll none of it. –
Come, put mine armour on; give me my staff. –
Seyton, send out – Doctor, the Thanes fly from me. –
Come, sir, despatch. – If thou couldst, Doctor, cast   50
The water of my land, find her disease,
And purge it to a sound and pristine health,
I would applaud thee to the very echo,
That should applaud again. – Pull't off, I say. –
What rhubarb, cyme or what purgative drug,   55
Would scour these English hence? – Hear'st thou of
                                    them?

doch tief, Lippendienst, Atem, den das arme Herz gern
verweigern würde und es nicht wagt. Seyton! –

Seyton tritt auf.

Sey. Was ist Euer gnädiger Befehl?

Macb. Welche neuen Nachrichten? [30]

Sey. Alles ist bestätigt, Herr, was berichtet wurde.

Macb. Ich werde kämpfen, bis mir mein Fleisch von meinen
Knochen gehackt ist. Gebt mir meine Rüstung.

Sey. Sie ist noch nicht nötig.

Macb. Ich will sie anlegen. Schickt mehr[20] Reiter aus, durch-
streift das Land; [35] hängt die, die von Furcht reden.
Gebt mir meine Rüstung. – Wie geht es Eurer Patien-
tin, Doktor?

Arzt. Nicht so sehr krank, Herr, als von sich drängenden
Einbildungen verstört, die sie vom Schlafen abhalten.

Macb. Heile sie davon: kannst du nicht ein krankes Gemüt
behandeln, [40] einen tiefeingewurzelten Gram aus dem
Gedächtnis reißen, die eingeschriebenen Leiden des Gehirns ausradieren und mit irgendeinem süßen, vergessen-
machenden Gegenmittel die verstopfte Brust von jenem
gefährlichen Stoff reinigen, der auf das Herz drückt?

Arzt. Dafür muß der Patient [45] sich selbst eine Arznei
verschreiben.

Macb. Vor die Hunde mit der Arznei; ich will nichts davon. – Los, legt mir die Rüstung an, gebt mir meine
Lanze. – Seyton, schickt aus – Doktor, die Thane fliehen
von mir fort. – Los, Sir, beeilt Euch.– Doktor, wenn du
das Wasser meines Landes untersuchen,[21] seine Krankheit
finden [51] und es davon reinigen könntest zu seiner
ehemaligen kräftigen Gesundheit, ich würde dir Beifall
spenden, bis es ein Echo gibt, das wieder applaudieren
sollte. – Zieht es aus,[22] sage ich. – Welch Rhabarber, welche Dolde oder welche purgierende Droge [55] würde
diese Engländer hier hinausspülen? – Hörst du von ihnen?

Doct. Ay, my good Lord: your royal preparation
    Makes us hear something.

Macb.   Bring it after me. –
    I will not be afraid of death and bane,
    Till Birnam forest come to Dunsinane.   60
                         Exit.

Doct. [*Aside.*] Were I from Dunsinane away and clear,
    Profit again should hardly draw me here.
                        Exeunt.

SCENE IV

Country near Dunsinane. A wood in view.

*Enter, with drum and colours, Malcolm, old Siward, and
his Son, Macduff, Menteth, Cathness, Angus, Lenox, Rosse,
and Soldiers, marching.*

Mal. Cousins, I hope the days are near at hand,
    That chambers will be safe.

Ment.   We doubt it nothing.

Siw. What wood is this before us?

Ment.   The wood of Birnam.

Mal. Let every soldier hew him down a bough,
    And bear't before him: thereby shall we shadow   5
    The numbers of our host, and make discovery
    Err in report of us.

Soldier.   It shall be done.

Siw. We learn no other but the confident tyrant
    Keeps still in Dunsinane, and will endure
    Our setting down before't.

Mal.   'Tis his main hope;   10
    For where there is advantage to be gone,
    Both more and less have given him the revolt,
    And none serve with him but constrained things,
    Whose hearts are absent too.

Macd.   Let our just censures

Arzt. Ja, edler Herr: Eure königliche Vorbereitung macht, daß wir etwas hören.

Macb. Bringt es mir nach. – Ich werde weder Tod noch Untergang fürchten, bis der Wald von Birnam nach Dunsinane kommt. [60]

Er geht ab.

Arzt (beiseite). Hätte ich Dunsinane weit hinter mir, so sollte mich der Profit kaum wieder hierher zurückziehen.

Sie gehen ab.

SZENE 4

Gegend in der Nähe von Dunsinane. Ein Wald in Sicht.

Es treten auf, mit Trommeln und Fahnen, Malcolm, der alte Siward und sein Sohn, Macduff, Menteth, Cathness, Angus, Lenox, Rosse und marschierende Soldaten.

Mal. Vettern, ich hoffe die Tage sind nahe, wo Kammern sicher sind.

Ment. Wir zweifeln nicht daran.

Siw. Was für ein Wald ist das da vor uns?

Ment. Der Wald von Birnam.

Mal. Laßt jeden Soldaten sich einen Ast abhauen [4] und vor sich hertragen: dadurch werden wir die Stärke unseres Heeres im Dunkeln halten und die Aufklärung sich in ihrem Bericht irren lassen.

Soldat. Zu Befehl.

Siw. Wir hören nichts anderes, als daß der zuversichtliche Tyrann sich noch immer in Dunsinane aufhält und es zulassen will, daß wir es belagern.

Mal. Das ist seine größte Hoffnung; [10] denn wo es eine günstige Gelegenheit gibt, sich abzusetzen, da sind Große wie Kleine von ihm desertiert, und keiner dient bei ihm, als gezwungene Kreaturen, deren Herzen auch abwesend sind.

Macd. Warten wir mit unserem gerechten Urteil[23] auf das

Attend the true event, and put we on   15
Industrious soldiership.
Siw.   The time approaches,
That will with due decision make us know
What we shall say we have, and what we owe.
Thoughts speculative their unsure hopes relate,
But certain issue strokes must arbitrate;   20
Towards which advance the war.
                    Exeunt, marching.

SCENE V

Dunsinane. Within the castle.

*Enter, with drum and colours, Macbeth, Seyton, and
                    Soldiers.*

Macb. Hang out our banners on the outward walls;
The cry is still, 'They come!' Our castle's strength
Will laugh a siege to scorn: here let them lie,
Till famine and the ague eat them up.
Were they not forc'd with those that should be ours,   5
We might have met them dareful, beard to beard,
And beat them backward home. What is that noise?

                    A cry within, of women.
Sey. It is the cry of women, my good Lord.
                    Exit.

Macb. I have almost forgot the taste of fears.
The time has been, my senses would have cool'd   10
To hear a night-shriek; and my fell of hair
Would at a dismal treatise rouse, and stir,
As life were in't. I have supp'd full with horrors:
Direness, familiar to my slaughterous thoughts,
Cannot once start me.

                    Re-enter Seyton.

wirkliche Ereignis und kleiden wir uns [15] in kriegerischen Eifer.

Siw. Die Zeit naht heran, die uns mit genauer Entschei-
dung wissen lassen wird, was wir als unser Haben und
was als unser Soll bezeichnen können. Spekulative Gedanken sprechen von ihren unsicheren Hoffnungen, aber
der gewisse Ausgang muß von Schwerthieben entschieden werden; [20] zu ihm treibt den Krieg voran.[24]

Sie marschieren ab.

SZENE 5

Dunsinane. Innerhalb der Burg.

*Es treten auf, mit Trommeln und Fahnen, Macbeth, Seyton
und Soldaten.*

Macb. Hängt unsere Banner an die Außenmauern; immer
lautet der Bericht: »Sie kommen!« Die Stärke unserer
Burg wird eine Belagerung zum Gespött machen: sollen
sie hier liegen, bis Hunger und Schüttelfrost sie auf-
essen. Würden sie nicht verstärkt[25] durch die, die unser
sein sollten, [5] hätten wir sie wagemutig[26], Bart zu
Bart, treffen und nach Hause zurückschlagen können.
Was ist das für ein Lärm?

Drinnen Klagegeschrei von Frauen.

Sey. Es ist das Klagegeschrei von Frauen, mein gnädiger
Herr.

Er geht ab.

Macb. Ich habe fast den Geschmack der Angst vergessen.
Es gab eine Zeit, da wären meine Sinne erkaltet, [10]
wenn ich einen nächtlichen Angstschrei gehört hätte; und
meine Haare[27] würden sich bei einer gräßlichen Geschichte gesträubt und bewegt haben, als ob Leben in ihnen wäre. Ich habe mich an Greueln sattgegessen: Grauen,
meinen mörderischen Gedanken vertraut, kann mich niemals aufschrecken.

Seyton tritt wieder auf.

                              Wherefore was that cry?   15
Sey. The Queen, my Lord, is dead.
Macb. She should have died hereafter:
    There would have been a time for such a word. –
    To-morrow, and to-morrow, and to-morrow,
    Creeps in this petty pace from day to day,   20
    To the last syllable of recorded time;
    And all our yesterdays have lighted fools
    The way to dusty death. Out, out, brief candle!
    Life's but a walking shadow; a poor player,
    That struts and frets his hour upon the stage,   25
    And then is heard no more: it is a tale
    Told by an idiot, full of sound and fury,
    Signifying nothing.
               Enter a Messenger.
    Thou com'st to use thy tongue; thy story quickly.

Mess. Gracious my Lord,   30
    I should report that which I say I saw,
    But know not how to do't.
Macb.   Well, say, sir.
Mess. As I did stand my watch upon the hill,
    I look'd toward Birnam, and anon, methought,
    The wood began to move.
Macb.   Liar, and slave!   35
Mess. Let me endure your wrath, if't be not so.
    Within this three mile may you see it coming;
    I say, a moving grove.
Macb.   If thou speak'st false,
    Upon the next tree shalt thou hang alive,
    Till famine cling thee: if thy speech be sooth,   40
    I care not if thou dost for me as much. –
    I pull in resolution; and begin
    To doubt th'equivocation of the fiend,
    That lies like truth: 'Fear not, till Birnam wood
    Do come to Dunsinane'; – and now a wood   45
    Comes toward Dunsinane. – Arm, arm, and out! –

Wem galt das Klagegeschrei? [15]

Sey. Die Königin, Herr, ist tot.

Macb. Sie hätte später sterben sollen[28]: da wäre eine Zeit
für solch ein Wort gewesen. – Das Morgen und das Morgen und das Morgen schleicht langsam dahin von einem
Tag zum andern [20] bis zur letzten Silbe der aufge-
zeichneten Zeit; und alle unsere Gestern haben Narren
den Weg zum staubigen Tod geleuchtet. Aus, aus, kurzes
Licht![29] Das Leben ist nichts als ein wandelnder Schatten;[30] ein armer Schauspieler,[31] der seine Stunde auf
der Bühne stolziert und sich quält [25] und dann nicht
mehr gehört wird: es ist eine Geschichte, von einem
Idioten erzählt, voller Schall und Raserei, ohne Bedeutung.

Ein Bote tritt auf.

Du kommst, um deine Zunge zu gebrauchen; schnell deinen Bericht.

Bote. Mein gnädiger Herr, [30] ich sollte das berichten, von
dem ich sage, daß ich es sah, aber weiß nicht, wie ich es
anfangen soll.

Macb. Nun, sagt es, Sir.

Bote. Als ich Wache auf dem Hügel stand, sah ich in die
Richtung von Birnam und den Augenblick, so war mir,
begann der Wald sich zu bewegen.

Macb. Lügner und Sklave! [35]

Bote. Laßt mich Euren Zorn erdulden, wenn es nicht so ist.
Auf eine Entfernung von drei Meilen könnt Ihr ihn
kommen sehen; ich sage, ein wandelnder Hain.

Macb. Wenn du unwahr sprichst, sollst du am nächsten
Baum lebendig hängen, bis der Hunger dich zusammen-
schrumpfen[32] läßt. Wenn deine Rede wahr ist, [40] ist es
mir gleichgültig, ob du es mir genauso besorgst. – Ich
zügele meine Entschlossenheit; und beginne, die Zwei-
deutigkeit[33] des Teufels zu argwöhnen, der lügt, als wäre
es Wahrheit: »Sei ohne Furcht, bis der Wald von Birnam
nach Dunsinane kommt«; – und jetzt kommt ein Wald
auf Dunsinane zu. – Zu den Waffen, zu den Waffen und

If this which he avouches does appear,
There is nor flying hence, nor tarrying here.
I 'gin to be aweary of the sun,
And wish th'estate o'th'world were now undone. –   50
Ring the alarum bell! – Blow, wind! come, wrack!
At least we'll die with harness on our back.
Exeunt.

SCENE VI

The same. A plain before the castle.

*Enter, with drum and colours, Malcolm, old Siward,
Macduff, etc., and their army, with boughs.*

Mal. Now, near enough: your leavy screens throw down,
    And show like those you are. – You, worthy uncle,
    Shall, with my cousin, your right noble son,
    Lead our first battle: worthy Macduff, and we,
    Shall take upon's what else remains to do,   5
    According to our order.
Siw.   Fare you well. –
    Do we but find the tyrant's power to-night,
    Let us be beaten, if we cannot fight.
Macd. Make all our trumpets speak; give them all breath,
    Those clamorous harbingers of blood and death.   10
    Exeunt. Alarums continued.

SCENE VII

The same. Another part of the plain.

Enter Macbeth.

Macb. They have tied me to a stake: I cannot fly,
    But, bear-like, I must fight the course. – What's he,

hinaus! – [46] Wenn das, wofür er haftet, sich heraus-
stellt, so gibt es weder Fliehen noch Bleiben. Ich fange
an, der Sonne müde zu sein und wünschte, das Weltge-
bäude wäre nun zerstört. – [50] Läutet die Sturmglocke! –
Wind, wehe! Komm, Untergang! Wenigstens werden wir
mit der Rüstung am Leibe sterben.

Sie gehen ab.

SZENE 6

Daselbst. Eine Ebene vor der Burg.

*Es treten auf, mit Trommeln und Fahnen, Malcolm, der
alte Siward, Macduff etc. und ihr Heer mit Ästen.*

Mal. Jetzt, nahe genug, laßt eure Blättertarnung fallen und
zeigt euch als die, die ihr seid. – Ihr, ehrenwerter Onkel,
werdet mit meinem Vetter, Eurem edlen Sohn, unser
Hauptheer[34] anführen: der werte Macduff und wir werden übernehmen, was sonst noch zu tun übrigbleibt, [5]
unserer Einteilung entsprechend.

Siw. Lebt wohl. – Wenn wir nur heute abend auf die
Streitmacht des Tyrannen treffen, so mögen wir geschlagen werden, wenn wir nicht kämpfen können.

Macd. Bringt alle unsere Trompeten zum Sprechen; gebt
ihnen allen Stimme, diesen lärmenden Vorläufern von
Blut und Tod. [10]

Sie gehen ab. Fortgesetzte Trompetensignale.

SZENE 7

Daselbst. Ein anderer Teil der Ebene.

Macbeth tritt auf.

Macb. Sie haben mich an einen Pflock gebunden[35]: ich
kann nicht fliehen, sondern muß, dem Bären gleich, diese
Runde kämpfen. – Was ist das für einer, der nicht von

That was not born of woman? Such a one
Am I to fear, or none.
                    Enter young Siward.

Yo. Siw. What is thy name?
Macb.   Thou'lt be afraid to hear it.   5
Yo. Siw. No; though thou call'st thyself a hotter name
Than any is in hell.
Macb.   My name's Macbeth.
Yo. Siw. The devil himself could not pronounce a title
More hateful to mine ear.
Macb.   No, nor more fearful.
Yo. Siw. Thou liest, abhorred tyrant: with my sword   10
I'll prove the lie thou speak'st.
                They fight, and young Siward is slain.
Macb.   Thou wast born of woman: –
But swords I smile at, weapons laugh to scorn,
Brandish'd by man that's of a woman born.
                                    Exit.
                Alarums. Enter Macduff.

Macd. That way the noise is. – Tyrant, show thy face:
If thou be'st slain, and with no stroke of mine,   15
My wife and children's ghosts will haunt me still.
I cannot strike at wretched Kernes, whose arms
Are hir'd to bear their staves: either thou, Macbeth,
Or else my sword, with an unbatter'd edge,
I sheathe again undeeded. There thou shouldst be;   20
By this great clatter, one of greatest note
Seems bruited. Let me find him, Fortune!
And more I beg not.
                    Exit. Alarum.

                Enter Malcolm and old Siward.

Siw. This way, my Lord; – the castle's gently render'd:
The tyrant's people on both sides do fight;   25
The noble Thanes do bravely in the war.

einer Frau geboren wurde? Solch einen muß ich fürchten,
oder keinen.

Der junge Siward tritt auf.

J. Siw. Wie ist dein Name?

Macb. Du wirst dich fürchten, wenn du ihn hörst. [5]

J. Siw. Nein; und wenn du dich bei einem heißeren Namen
nenntest, als es irgendeinen in der Hölle gibt.

Macb. Mein Name ist Macbeth.

J. Siw. Der Teufel selbst könnte keinen Namen aussprechen, der meinen Ohren verhaßter wäre.

Macb. Nein, auch nicht furchtbarer.

J. Siw. Du lügst, verhaßter Tyrann: mit meinem Schwert
[10] werde ich die Lüge beweisen, die du sprichst.

Sie kämpfen, und der junge Siward fällt.

Macb. Du wurdest von einer Frau geboren: — aber über
Schwerter lächele ich, verlache Waffen, geschwungen von
einem Mann, der von einer Frau geboren wurde.

Er geht ab.

Trompetensignale. Macduff tritt auf.

Macd. In dieser Richtung ist der Lärm. — Tyrann, zeig dein
Gesicht: wenn du erschlagen wirst, und ohne einen
Schwerthieb von mir, [15] werden mich die Geister meiner
Frau und meiner Kinder auf ewig heimsuchen. Ich kann
nicht auf elende Kerner[36] losschlagen, deren Arme ge-
dungen sind, ihre Lanzen zu tragen: entweder du, Macbeth, oder aber ich stecke mein Schwert mit unzerhauener
Schneide unbetätigt in die Scheide zurück. Dort solltest
du sein; [20] mit diesem großen Geklirre[37] scheint jemand von größter Bedeutung lautstark angekündigt zu
werden. Laß mich ihn finden, Fortuna! Und mehr er-
bitte ich nicht.

Er geht ab. Trompetensignal.

Malcolm und der alte Siward treten auf.[38]

Siw. Hier entlang, Herr; — die Burg hat sich friedlich ergeben: die Leute des Tyrannen kämpfen auf beiden Seiten; [25] die edlen Thane halten sich tapfer im Krieg.

The day almost itself professes yours,
And little is to do.
Mal.   We have met with foes
That strike beside us.
Siw.   Enter, Sir, the castle.
                    Exeunt. Alarum.

SCENE VIII

Another part of the field.

Enter Macbeth.

Macb. Why should I play the Roman fool, and die
    On mine own sword? whiles I see lives, the gashes
    Do better upon them.
                    Re-enter Macduff.
Macd.   Turn, Hell-hound, turn!
Macb. Of all men else I have avoided thee:
    But get thee back, my soul is too much charg'd   5
    With blood of thine already.
Macd.   I have no words;
    My voice is in my sword: thou bloodier villain
    Than terms can give thee out!
                    They fight.
Macb.   Thou losest labour:
    As easy may'st thou the intrenchant air
    With thy keen sword impress, as make me bleed: 10
    Let fall thy blade on vulnerable crests;
    I bear a charmed life; which must not yield
    To one of woman born.
Macd.   Despair thy charm;
    And let the Angel, whom thou still hast serv'd,
    Tell thee, Macduff was from his mother's womb   15
    Untimely ripp'd.
Macb. Accursed be that tongue that tells me so,
    For it hath cow'd my better part of man:
    And be these juggling fiends no more believ'd,

Der Tag bekennt sich fast schon als der Eure, und wenig
bleibt zu tun.

Mal. Wir sind auf Feinde getroffen, die an unserer Seite
kämpfen.[39]

Siw. Zieht in die Burg ein, Sir.

         Sie gehen ab. Trompetensignal.

         SZENE 8
     Ein anderer Teil des Schlachtfeldes.

        Macbeth tritt auf.

Macb. Warum sollte ich den römischen Narren[40] spielen und
auf meinem eigenen Schwert sterben? Solange ich Lebende sehe, machen sich die Wunden an ihnen besser.

       Macduff tritt wieder auf.

Macd. Steh, Höllenhund, steh!

Macb. Von allen Menschen sonst habe ich dich gemieden:
[4] aber zieh dich zurück, meine Seele ist bereits zu sehr
mit Blut von dir belastet.

Macd. Ich habe keine Worte; meine Stimme ist in meinem
Schwert: du blutigerer Schurke als Worte dich benennen
können!

         Sie kämpfen.

Macb. Du mühst dich umsonst: genauso leicht magst du die
unschneidbare[41] Luft mit deinem scharfen Schwert prä-
gen, wie mich bluten machen: [10] laß deine Klinge auf
verwundbare Helme fallen; ich besitze ein gefeites Leben, das keinem unterliegen soll, den eine Frau geboren.

Macd. Verzweifle[42] an deinem Zauber; und laß den Engel[43], dem du stets gedient hast, [14] dir sagen, daß Macduff vorzeitig aus dem Leib seiner Mutter herausge-
schnitten wurde.

Macb. Verflucht sei die Zunge, die mir dies erzählt, denn
sie hat den besseren Teil meines Mannseins[44] einge-
schüchtert. Und glaube man nicht mehr diesen gaukeln-

That palter with us in a double sense;   20
That keep the word of promise to our ear,
And break it to our hope. – I'll not fight with thee.

Macd. Then yield thee, coward,
    And live to be the show and gaze o'th'time:
    We'll have thee, as our rarer monsters are,   25
    Painted upon a pole, and underwrit,
    'Here may you see the tyrant.'
Macb.   I will not yield,
    To kiss the ground before young Malcolm's feet,
    And to be baited with the rabble's curse.
    Though Birnam wood be come to Dunsinane,   30
    And thou oppos'd, being of no woman born,
    Yet I will try the last: before my body
    I throw my warlike shield: lay on, Macduff;
    And damn'd be him that first cries, 'Hold, enough!'
*Exeunt, fighting. Alarums. Re-enter fighting, and Macbeth
                    slain.*

                    SCENE IX

                Within the castle.

*Retreat. Flourish. Enter, with drum and colours, Malcolm,
    old Siward, Rosse, Thanes, and Soldiers.*

Mal. I would the friends we miss were safe arriv'd.

Siw. Some must go off; and yet, by these I see,
    So great a day as this is cheaply bought.

Mal. Macduff is missing, and your noble son.
Rosse. Your son, my Lord, has paid a soldier's debt: 5
    He only liv'd but till he was a man;
    The which no sooner had his prowess confirm'd,

den Teufeln, die uns mit Doppeldeutigkeit zum besten
haben; [20] die ihr Versprechen unseren Ohren halten
und es unserer Hoffnung brechen. – Ich kämpfe nicht
mit dir.

Macd. Dann ergib dich, Feigling, und lebe, um vor der
Welt zur Schau gestellt und von ihr angegafft zu werden: wir werden dich, so wie unsere selteneren Mißge-
burten, [25] auf ein Schild[45] malen lassen mit der Unter-
schrift: »Hier könnt ihr den Tyrannen sehen.«

Macb. Ich werde mich nicht ergeben, um den Boden vor
den Füßen des jungen Malcolm zu küssen und mich von
dem Fluch des Pöbels hetzen zu lassen.[46] Obwohl der
Wald von Birnam nach Dunsinane gekommen ist [30] und
du mir feindlich gegenüberstehst, den keine Frau geboren hat, will ich trotzdem das letzte auf die Probe stellen: vor meinen Körper werfe ich meinen kriegerischen
Schild, frisch zu, Macduff; und verdammt sei der, der
zuerst »Halt, genug!« ruft.

*Sie gehen kämpfend ab. Trompetensignale. Sie treten kämp-
fend wieder auf, und Macbeth fällt.*

SZENE 9

Innerhalb der Burg.

*Rückzugssignal. Fanfare. Es treten auf, mit Trommeln und
Fahnen, Malcolm, der alte Siward, Rosse, Thane und Soldaten.*

Mal. Ich wünschte, die Freunde, die wir vermissen, wären
sicher angekommen.

Siw. Einige mußten abtreten;[47] und doch, gemessen an denen, die ich sehe, ist so ein großer Tag wie dieser billig
erkauft.

Mal. Macduff fehlt und Euer edler Sohn.

Rosse. Euer Sohn, Herr, hat den Tribut des Soldaten gezahlt: [5] er lebte nur, bis er ein Mann war; und kaum
hatte dies seine Tapferkeit an dem Platz, auf dem er

In the unshrinking station where he fought,
But like a man he died.
Siw.   Then he is dead?
Rosse. Ay, and brought off the field. Your cause of sorrow
    Must not be measur'd by his worth, for then   11
    It hath no end.
Siw.   Had he his hurts before?
Rosse. Ay, on the front.
Siw.   Why then, God's soldier be he!
    Had I as many sons as I have hairs,
    I would not wish them to a fairer death: 15
    And so, his knell is knoll'd.
Mal.   He's worth more sorrow,
    And that I'll spend for him.
Siw.   He's worth no more;
    They say he parted well and paid his score:
    And so, God be with him! – Here comes newer comfort.
    Re-enter Macduff, with Macbeth's head.
Macd. Hail, King! for so thou art. Behold, where stands   20
    Th'usurper's cursed head: the time is free.
    I see thee compass'd with thy kingdom's pearl,
    That speak my salutation in their minds;
    Whose voices I desire aloud with mine, –   24
    Hail, King of Scotland!
All.   Hail, King of Scotland!
    Flourish.
Mal. We shall not spend a large expense of time,
    Before we reckon with your several loves,
    And make us even with you. My Thanes and kinsmen,
    Henceforth be Earls; the first that ever Scotland
    In such an honour nam'd. What's more to do,   30
    Which would be planted newly with the time, –
    As calling home our exil'd friends abroad,
    That fled the snares of watchful tyranny;
    Producing forth the cruel ministers
    Of this dead butcher, and his fiend-like Queen,   35
    Who, as 'tis thought, by self and violent hands

ohne zu weichen kämpfte, bewiesen, als er wie ein Mann
starb.

Siw. Dann ist er tot?

Rosse. Ja, und vom Schlachtfeld fortgebracht. Die Ursache
Eures Schmerzes [10] darf nicht an seinem Wert gemessen werden, denn dann hat er kein Ende.

Siw. Hatte er seine Verletzungen vorne?

Rosse. Ja, an der Stirn.

Siw. Nun denn, so sei er Gottes Soldat! Hätte ich so viele
Söhne, wie ich Haare[48] habe, ich würde ihnen keinen
schöneren Tod wünschen: [15] und damit hat er sein
Grabgeläute.

Mal. Er ist mehr Trauer wert, und die will ich um ihn tragen.

Siw. Mehr ist er keine wert; man sagt, er schied auf an-
ständige Weise und habe seine Zeche bezahlt: und so sei
Gott mit ihm! – Hier kommt frischerer Trost.

    Macduff tritt wieder auf mit Macbeths Kopf.

Macd. Heil, König! Denn das bist du. Sieh, wo der ver-
haßte Kopf des Usurpators steckt[49]: die Welt[50] ist frei.
[21] Ich sehe dich umringt von deines Königreiches Per-
len, die meinen Gruß im Geiste mitsprechen; und deren
Stimmen ich laut mit der meinen begehre, – Heil, König
von Schottland!

Alle. Heil, König von Schottland! [25]

             Fanfaren.

Mal. Wir werden es uns nicht viel Zeit kosten lassen, bevor
wir mit der Liebe jedes einzelnen von Euch abrechnen
und quitt mit Euch werden. Meine Thane und Vettern,
von jetzt an seid Grafen, die ersten, die Schottland je
mit solcher Würde bekleidet hat. Was weiter zu tun ist,
[30] was neu mit der Zeit gepflanzt sein will, – wie unsere verbannten Freunde im Ausland zurückzurufen, die
die Fallstricke wachsamer Tyrannei flohen; wie die grausamen Handlanger dieses toten Schlächters und seiner
teufelsgleichen Königin aufzustöbern, [35] die, wie man
glaubt, sich selbst ihr Leben nahm mit eigener[51] und ge-

Took off her life; – this, and what needful else
That calls upon us, by the grace of Grace,
We will perform in measure, time, and place.
So thanks to all at once, and to each one,   40
Whom we invite to see us crown'd at Scone.
                    Flourish. Exeunt.

walttätiger Hand – dies und was sonst als nötig von uns gefordert wird, werden wir mit der Gnade des gnädigen Gottes angemessen zu seiner Zeit und an seinem Ort ausführen. So Dank Euch allen zusammen und jedem einzelnen, [40] die wir zu unserer Krönung nach Scone einladen.

     Fanfaren. Alle gehen ab.

Anmerkungen

Akt I, Szene 1

1 Wie bereits Coleridge feststellte (in *Shakespearean Criticism*, ed. Raysor, I,68), schlägt die 1. Szene das Hauptthema des Dramas an. Mit den drei Hexen tritt dem Zuschauer die Welt des Grauenhaften, Dämonischen und Bösen entgegen, für die der Aufruhr in der Natur eine Metapher ist.

2 (3) Das onomatopoetische *hurlyburly*, dem etwa das dt. Wort ›Wirrwarr‹ entspricht, bedeutet seit 1548 speziell ›Aufruhr‹ im Sinne von Empörung, Aufstand.

3 (8) ›Malkin‹ ist eine Verkleinerungsform von ›Mary‹, *Graymalkin* eine graue Katze. Katzen, Kröten, Affen oder Hunde sind die häufigsten Erscheinungsformen jener Dämonen, die Hexen dienstbar sind.

4 (11 f.) Es gibt im Deutschen keine dem Gegensatzpaar *foul – fair* entsprechenden zwei Adjektive mit dem gleichen Bedeutungsspektrum, das vom Ästhetischen zum Moralischen reicht, von ›schön – häßlich‹ zu ›gut – böse‹. Vor allem *foul* mit den stark emotionalen Bedeutungsakzenten von ›gemein, faul, widerlich, ruchlos, gräßlich‹ etc. findet in ›häßlich‹ keine Entsprechung. Außerdem müssen beide Adjektive auch auf das Wetter anwendbar sein (I,3,38), so daß vorliegender Kompromiß gewählt wurde.

Mit dem Paradox *fair is foul* wird das die gesamte Tragödie durchziehende Thema von der Umkehr aller Werte formuliert.

Filthy im letzten Vers bedeutet dasselbe wie ›foggy‹, *fog and filthy air* sind also Synonyme und bilden ein Hendiadyoin im weiteren Sinne, es sei denn, daß durch die Assoziationen um *filthy* (›schmutzig‹ → ›böse‹) eine Steigerung ins Moralische stattfindet.

Akt I, Szene 2

5 Wahrscheinlich ist diese Szene in Fife zu denken, da der verwundete Hauptmann direkt vom Kriegsschauplatz kommt (siehe I,2,49). Die Schwierigkeit liegt darin, daß Shakespeare hier die drei bei Holinshed erwähnten Schlachten mit 1. dem Rebellen Macdonwald, 2. dem Norwegerkönig Sweno und 3. mit dessen Bruder Canute (Knut d. Große, zu jener Zeit König von England), der mit einer neuen Flotte gekommen

war, seinen Bruder zu rächen, örtlich und zeitlich zu einer
Schlacht zusammenzieht.

6 (1) Kolbe weist in seinem Buch *Shakespeare's Way* (S. 3)
nach, daß *blood* über hundertmal in *Macbeth* erwähnt wird.

7 (3) Steevens meint, daß Shakespeare hier an Holinshed denkt,
wo Duncan einen »Sergeant at Arms« zu den Rebellen
schickt, um sie zur Rechenschaft zu ziehen. Es handelte sich
dann um den Titel eines Abgesandten mit zeremoniellen
Aufgaben.

8 (12 f.) Bei Holinshed heißt es, daß von den »westerne Iles«,
also den Hebriden, die zu der Zeit zu Norwegen gehörten,
»a great multitude of people, offering themselves to assist
him in that rebellious quarell« gekommen seien, während die
»Kernes« und »Galloglasses« aus Irland kamen, in der
Hoffnung auf Kriegsbeute. Das ist auch logisch, da der
›kern‹ ein leichtbewaffneter irischer Fußsoldat, der ›gallow-
glass‹ ein mit einer Axt bewaffneter irischer Reitersoldat war.
Shakespeare zieht hier wieder zwei Bereiche zusammen.

9 (20) Hier scheint mindestens eine halbe Zeile zu fehlen. Es
bleibt deshalb unklar, ob sich das folgende Relativpronomen
auf Macbeth, Macdonwald oder Fortuna bezieht. Auf Macbeth bezogen, entsteht ein sarkastischer Kontrast zwischen
den Höflichkeitsformen und der brutalen Tat.

10 (21) D. h. zum Abschied.

11 (22) Shakespeare setzt nur hier *nave* für ›navel‹; möglicherweise wurden beide Wörter im elisabethanischen Englisch unterschiedslos verwendet.

12 (24) Macbeth und Duncan waren beide Enkel König Malcolms.

13 (25) *Reflection* im Sinne von ›going or turning back‹; gemeint ist hier das Frühlingsäquinoktium.

14 (31) Vermutlich aus Rücksicht auf die dänischen Konnektio-
nen James I. (er war mit Anna von Dänemark verheiratet,
der Schwester des regierenden Königs Christian IV.), unter-
drückt Shakespeare die Rolle der Dänen in diesen Kämpfen.

15 (42) Die Zeilenanordnung ist umstritten. Möglicherweise ist
die Rede verstümmelt. Andererseits erscheint es durchaus
plausibel, daß ein Verwundeter aus Schwäche mitten im Satz
abbricht.

16 (43) Eigentlich klaffende Schnittwunden, wie von Schwertern.

17 (48) *That seems*, d. h. dessen äußere Erscheinung das Außergewöhnliche seiner Botschaft widerspiegelt.

18 (50 f.) Das Präsens in *flout* und *fan* mag, wie Elwin meint,
die Übermacht der Norweger unterstreichen, so daß die folgende Siegesbotschaft um so stärker wirkt. Der Anblick der
Banner erfüllt die Schotten mit kalter Furcht.

19 (55) *Bellona* ist die römische Göttin des Krieges. Macbeth
wird hier poetisch als der ihr sozusagen frisch angetraute Ge-
mahl bezeichnet.

20 (56) D. h. Macbeth war genauso kriegerisch und tapfer. R.
Walker weist darauf hin, daß Macbeth auch genauso ver-
räterisch wie der Than von Cawdor ist. In *rebellious arm
'gainst arm* wird die Parallele ganz deutlich, da man unwill-
kürlich das korrespondierende Adjektiv mitdenkt: *'gainst*
(rebellious) *arm*.

21 (61) *Norways'* für ›Norway's‹.

22 (63) Diese kleine Insel im Firth of Forth heißt heute Inch-
comb.

23 (64) Dollars wurden zum erstenmal an die 500 Jahre später,
um 1518, geprägt.

Akt I, Szene 3

24 (6–11) Der Ursprung des Wortes *aroynt*, das bei Shakespeare
nur noch in *King Lear* vorkommt, ist unbekannt; offensichtlich ist es aber so etwas wie eine Beschwörungsformel zur
Vertreibung böser Geister.
Der Ausdruck *rump-fed* ist ebenfalls umstritten. Zur Auswahl
stehen die Erklärungen: 1. ›von Fleischabfällen genährt‹, 2.
›fettärsig‹, 3. ›mit Nüssen gefüttert‹ oder 4. ›vom besten
Fleisch ernährt, verwöhnt‹. Da es für *ronyon* (eine räudige,
mit Krätze behaftete Kreatur) keine rechte dt. Entsprechung
gibt, verfährt die Übersetzung in beiden Fällen etwas frei.
Die im folgenden von der ersten Hexe ausgebrüteten Rache-
pläne spiegeln den Hexenglauben der Shakespeare-Zeit. So
glaubte man u. a., daß Hexen zwar jede Tiergestalt annehmen, sich jedoch keinen Schwanz anhexen könnten (nach
Steevens in der *Variorum Ed.* von 1821). Auch daß Hexen
mit Winden handeln, war eine gängige Auffassung.

25 (15) Die Übersetzung legt sich auf eine der möglichen Bedeutungen der nicht ganz klaren Stelle fest, indem sie »from«
als hinzugedacht annimmt. Die Hexe will verhindern, daß
der Schiffer in irgendeinem Hafen anlegt.

26 (17) *Shipman's card* kann allerdings auch ›Seekarte‹ (›chart‹)
heißen.

27 (20) Das Lid wird von der Augenbraue wie von einem Vordach beschirmt. Die Bedeutung ›vordachartiges Lid‹ wäre aber auch denkbar.

28 (30) Shakespeare läßt hier jede Wahrscheinlichkeit außer acht, wenn Macbeth und Banquo mit Trommeln angekündigt werden.

29 (32) Das Wort ›weïrd‹ kommt von ae. ›wyrd‹, me. ›werd‹ = ›fate, destiny‹. Die *Weird Sisters* sind also einerseits Hexen, tragen aber auch Züge der drei Schicksalsgöttinnen, d. h. in ihnen verschmelzen mittelalterliche und antike Vorstellungen.

30 (35) Ungerade Zahlen und speziell die Drei und die Neun galten als magisch (vgl. I,3,22).

31 (37) Der Zauber wird durch die kreisförmigen Bewegungen der Hexen aufgezogen (*wound up*) wie die Feder eines Uhrwerks.

32 (38) Dieser Satz ist unterschiedlich ausgelegt worden. Aber Wilsons Hinweis auf die *Daemonologie* von James I., in der davon die Rede ist, daß sich Hexen mit der Hilfe des Teufels in undurchdringlichen Nebel hüllen können, scheint hier am treffendsten.

33 (39) Die Kommentatoren sind sich nicht im Klaren darüber, ob Shakespeare die mundartliche Redewendung *how far is't call'd* als typisch schottischen Ausdruck gemeint hat oder nicht.

34 (52) Banquos *fair* steht in ironischem Spannungsverhältnis zu den finsteren Gedanken Macbeths, die sein Zusammenzucken verrät.

35 (67) *Get* = ›beget‹.

36 (73) Man muß aus Macbeths Überraschung schließen, daß er von Cawdors Verrat nichts wußte und daß der Zweikampf in I,2,55 ff. nur zwischen ihm und Sweno stattfand. Der Widerspruch kann aber auch aus einer Textverstümmelung resultieren.

37 (76) *Owe* = ›own‹.

38 (81) Bei Shakespeare immer *corporal* statt ›corporeal‹, vgl. auch I,7,81.

39 (84) Mit der Wurzel, deren Verzehr Wahnsinn hervorruft, kann Schierling, Bilsenkraut oder Nachtschatten gemeint sein.

40 (96 f.) *Nothing afeard* = ›fearing not at all‹. *Nothing* ist hier adverbial gebraucht. Empson (*Seven Types of Ambiguity*, 1930, S. 58 f.) weist u. a. auf die vorausdeutende Iro-

nie dieses Satzes hin: später fürchtet sich Macbeth durchaus vor den Abbildern des Todes, die er schafft.

41 (104) ›Earnest-money‹ ist eine Anzahlung oder ein Handgeld.

42 (109) Die Metapher der geborgten Gewänder taucht im Stück immer wieder auf.

43 (128 f.) Vgl. die Theatermetapher in *Henry V*, Prolog, 3 f.: »A kingdom for a stage, princes to act, / And monarchs to behold the swelling scene.« – *Act* kann hier offensichtlich nicht ›Akt‹ heißen, sondern steht entweder für das Ganze, also ›Spiel‹, oder für ›action‹, also ›Handlung‹, oder – von den Schauspielern aus gesehen – für ›Darbietung‹. Die Übersetzung entscheidet sich für letztere Möglichkeit.

44 (135) Das Bild, wie er Duncan ermordet.

45 (140) *Single* und ›double‹ bedeuteten ursprünglich ›schwach‹ und ›stark‹. Doch ist hier Griersons Interpretation (ed., 1914) vorzuziehen, der eine Anspielung auf die gängige Vorstellung von der menschlichen Natur als Mikrokosmos vermutet, wie sie auch in *Julius Caesar*, II,1,63–69, vorliegt. Wenn ein Teilbereich des »little kingdom« in Unordnung gerät, leidet das Ganze.

46 (144) *Chance* hier im Sinne von ›Fate‹, personalisiert und daher groß geschrieben.

47 (146) Eine weitere Kleidermetapher.

48 (148) Folgt man der Erklärung Grant Whites (*Words and their Uses*, 1871, S. 237), daß *Time and the hour* dasselbe meint wie der Ausdruck »Time and tide« (»... wait for no man«), so bleibt noch immer ungewiß, ob das Verb intransitiv oder – was wahrscheinlicher ist – transitiv gebraucht und ob *through* Präposition oder Adverb ist. So kann ›to run through‹ ›ausgeben‹ im Sinne von ›(Geld) durchbringen‹ heißen, ebenso wie ›durchstreichen‹ oder ›(mit einem Schwert) durchbohren‹. Der Sinn ist wohl in allen Fällen: Die Zeit vergeht, und auch der rauheste Tag vergeht mit ihr.

49 (155) Nur an dieser Stelle und in *Julius Caesar*, II,1,64 wird in der Folio-Ausgabe *Interim* groß geschrieben. Es ist durchaus denkbar, daß eine Personifizierung des Begriffes beabsichtigt war.

Akt I, Szene 4

50 (9 f.) Der im elisabethanischen Englisch sehr offene Gebrauch des Infinitivanschlusses läßt die verschiedensten Bedeutun-

gen dieses Satzes zu. So könnte der Nebensatz auch kausal oder final gemeint sein. Muirs Erklärung von *studied in his death* als Theaterausdruck für ›learnt by heart‹ erscheint mir im Kontext unbefriedigend. Cawdor wird als jemand geschildert, der im Tod über sich hinauswächst, nicht als einer, der eine Rolle spielt, wie ›seinen Tod auswendig lernen‹ suggeriert.

51 (12) *Construction* kommt hier von dem Verb ›to construe‹ = ›auslegen, interpretieren‹ (nicht von ›to construct‹).

52 (20) Genaugenommen müßte es heißen: »so daß die Proportionierung ... hätte mein sein können.«

53 (21) *More than all* wird hier absolut verstanden, könnte sich aber auch auf »Dank und Lohn« beziehen oder sich als »more than I have« auflösen lassen.

54 (25) *State* könnte hier möglicherweise auch ›Staat‹ heißen. Doch ist diese Bedeutung im elisabethanischen Englisch seltener.

55 (27) Auch dieser Satz ist unterschiedlich auslegbar. Er kann bedeuten 1. »Wir tun alles, was Euch sicher unsere Liebe und Ehre zeigt«, 2. »Wir tun alles, was mit der Liebe und Ehrfurcht, die wir für Euch hegen, in Einklang steht«, 3. »Wir tun alles, im sicheren Hinblick auf Eure Liebe und Ehre‹, 4. »Wir tun alles für Eure Sicherheit, den wir lieben und ehren«. Die vorliegende Übersetzung ist der Stellungnahme enthoben, da die Vieldeutigkeit der Vorlage ausnahmsweise einmal nachvollziehbar ist.

56 (34) ›Üppig‹ für *wanton* ist als Tautologie weniger überzeugend. Die Freuden sind ›launisch‹, weil sie sich in Tränen zeigen.

57 (39) Die Krone Schottlands vererbte sich ursprünglich nicht auf den ältesten Sohn, sondern es folgte entweder das älteste Mitglied der königlichen Großfamilie oder es herrschten zwei Könige aus verschiedenen Geschlechtern neben- oder nacheinander. Der designierte Nachfolger trug zu Lebzeiten des herrschenden Königs den Titel *Prince of Cumberland*, das Schottland zu der Zeit von England gepachtet hatte.

58 (43) Duncans Entschluß, Macbeth in Inverness zu besuchen, kommt so plötzlich, daß einige Kommentatoren aus diesem wie aus anderen Indizien auf eine Kürzung des Textes schließen. Wer genau mit der letzten Aufforderung gemeint

ist, wird nicht ganz klar – vermutlich jedoch soll sich Macbeth an Duncan binden, nicht umgekehrt.

59 (45) Genaugenommen ›Quartiermeister‹.

60 (52) Wörtlich: das Auge möge ein Auge zudrücken.

Akt 1, Szene 5

61 (17) Es ist verschiedentlich vorgeschlagen worden, *kindness* hier in seiner alten Bedeutung von ›Natur‹ (einer Sache, eines Wesens) zu verstehen, also *human kindness* als ›Menschsein‹. Doch ein Vergleich mit *King Lear*, I,5,351 (»This milky gentleness and course of yours«) erweist diese Interpretation als unnötig weit hergeholt.

62 (20) *Illness* wurde zu Shakespeares Zeit noch nicht im Sinne von ›Krankheit‹ verwendet.

63 (23 ff.) Nämlich erstens die Krone und zweitens den Mord.

64 (29) *Seem* im Sinne von ›to appear‹, s. Anm. 17.

65 (31) Hier ist ein besonders deutliches Beispiel für den bei Shakespeare so häufigen Wechsel zwischen der Anrede ›you‹ and ›thou‹. Der Übersetzer steht hier vor einigen Schwierigkeiten. Da beide Anredeformen häufig unterschiedslos verwendet wurden, wählen viele Übersetzer einen eigenen Weg, indem sie die Anrede vereinheitlichen, respektive sich an ihrem Sprachgefühl und / oder bestimmten sozio-kulturellen Gepflogenheiten ausrichten wie z. B. Verwandtschaftsgrad, Dienstverhältnis etc. Da Shakespeare aber andererseits auch die Anrede wechselt, um starke Emotionen des Sprechers auszudrücken, gerät man bei diesem Vorgehen in die Gefahr, solche Stellen zu nivellieren. Vorliegende Übersetzung hält sich deswegen (mit wenigen Ausnahmen) strikt an den Text, auch wenn es dabei manchmal zu vermutlich historisch unrichtigen Wendungen kommt.

66 (38) Der Rabe gilt als Verkünder von Schrecken und Unheil. Ob hier gemeint ist, daß sein ohnehin schon heiseres Organ angesichts des Grauens, das er zu verkünden hat, noch heiserer wird?

67 (40 f.) Lady Macbeth beschwört jene Dämonen, die die Menschen zu Gotteslästerung, Raub, Mord und allen Arten von Grausamkeiten anstacheln, wie sie z. B. Nashe in *Pierce Penilesse* beschreibt, woher Shakespeare laut Malone möglicherweise seine Anregungen bekam.

68 (44) Das moderne Adjektiv ›remorseless‹ (= ›unbarmherzig, hartherzig‹) zeigt noch die alte Bedeutungsvariante von *re-*

morse, das außer ›Reue‹ auch ›Mitleid, Güte‹ bedeuten konnte.

69 (48) Die Übersetzung folgt hier Keightleys Erklärung: *take* = ›infect‹.

70 (51) *Pall* ist ursprünglich ein Bahr- oder Leichentuch. Die Nacht soll sich in den Rauch der Hölle wie in ein Leichentuch hüllen.

71 (68) Das Wortspiel in *dispatch* (›erledigen, ins Jenseits befördern‹) legt nahe, daß Lady Macbeth gegebenenfalls selbst den Mord ausführen will. Bereits in Zeile 52 spricht sie von *my knife*.

Akt I, Szene 6

72 (3) *Gentle senses* ist wahrscheinlich als Prolepsis zu verstehen, da das Adjektiv *gentle* eigentlich erst das Ergebnis des im Satz ausgedrückten Vorgangs ist: die ... Luft macht sich unseren Sinnen angenehm und diese werden dadurch milde.

73 (4) *Martlet* war zu Shakespeares Zeit vermutlich die Mehlschwalbe (›house–martin‹), nicht – wie heute – der Mauersegler.

74 (6) *Wooingly* (›werbend‹) erweitert den Bildbereich von Liebe und Zeugung.

75 (16) Siehe Anm. 45.

76 (20) D. h.: wir werden wie Eremiten für Euch beten.

77 (22) Die Aufgabe des *purveyor* (›provider‹) bestand darin, vor dem König herzureisen, wenn dieser unterwegs war, um angemessene Vorsorge für seine Unterkunft und die Versorgung des königlichen Haushalts zu treffen.

78 (26 ff.) Die Übersetzung ist etwas frei. ›To have in compt‹ dürfte soviel heißen wie ›verwalten‹ – unter Betonung der Rechenschaftsablegung. Daß Lady Macbeth sich der trockenen Terminologie des Rechnungswesens bedient, um ihre Gastfreundschaft auszudrücken, verweist genauso auf ihren Seelenzustand wie Macbeths förmliche Pflichtbezeugungen in I,4,22 ff. auf den seinen.

79 (31) Laut Granville–Barker küßt der König – wie es üblich war – Lady Macbeth auf die Wange.

Akt I, Szene 7

80 (BA) *A sewer*, von frz. ›essayeur‹, war ursprünglich ein Vorkoster, der zu prüfen hatte, ob die Speisen vergiftet waren.

Später ging der Name auf den obersten Diener, der das Auf-
tragen beaufsichtigte, über.

81 (3) Das Verb *trammel up* kommt von ›trammel‹ = ›Netz‹,
das benutzt wurde, um Rebhühner oder Fische zu fangen.
Doch nannte man auch das Fesseln von Pferden ›to trammel‹.

82 (4a) Es ist umstritten, ob sich *his* auf *consequence* oder auf
Duncan bezieht. *Surcease* ist ein juristischer Terminus, der
eine Stockung oder den Aufschub eines Verfahrens bezeichnete und der bei Shakespeare sonst nirgends als Substantiv
verwendet wird. Muir weist jedoch auf eine Stelle in *Lucrece*
hin, wo ›surcease to be‹ im Sinne von ›sterben‹ verwendet
wird, und folgert analog, daß *surcease* hier ein Euphemismus
für Duncans Tod ist.

83 (4b) Möglicherweise ein Wortspiel mit *success* = ›succession‹
(›Nachfolge‹).

84 (6) *Bank and shoal* sind Synonyma; auch hier liegt wieder ein,
Hendiadyoin im weiteren Sinne vor.

85 (10) Die personifizierte Gerechtigkeit teilt jedem das Seine
gleichermaßen zu.

86 (11) Ursprünglich eine fehlerhafte Schreibweise für den Plural von ›ingredient‹, wurde *ingredience* später mit dem Singular verwechselt.

87 (17) Vor allem im Kirchenrecht existiert ›faculty‹ noch im
Sinne von Prärogativ oder Vollmacht.

88 (22 f.) Zwar besteht zwischen *trumpet-tongu'd* und *blast*
eine Bildassoziation (›blast of a trumpet‹), doch die Parallele
zwischen *blast* und *couriers of the air* (›Winde‹) macht
›Sturm‹ wahrscheinlicher. Shakespeare mag hier an den 18.
Psalm gedacht haben. *Sightless couriers* s. o., I,5,49.

89 (27) Das Bild der *vaulting ambition* bezieht sich entweder
auf einen Reiter, der voller Ungeduld vom Boden in den
Sattel springt – eine vielbewunderte Fähigkeit – und dabei
auf der anderen Seite wieder herunterfällt, oder auf einen
Reiter, der ein Hindernis zu hoch überspringt und daher auf
der anderen Seite stürzt.

90 (34 f.) Eine weitere Kleidermetapher, wie gleich darauf in
Z. 36.

91 (37) Die Hoffnung wacht mit einem Kater auf.

92 (42) Die Krone.

93 (45) Siehe Heywood, *Three Hundred Epigrammes* (Spenser
Society, S. 28): »The cate would eate fyshe, and would not
wet her feete.«

94 (46 ff.) Macbeth versteht *man* als ›Mensch‹ und will sagen,
daß mehr zu wagen übermenschlich oder vielleicht unmensch-
lich sei. Lady Macbeth mißversteht ihn absichtlich, indem sie
zuerst Mensch und Tier gegenüberstellt und dann – die Doppelbedeutung von *man* ausschlachtend – Macbeths Männlichkeit, d. h. seinen Mut anzweifelt. Die Übersetzung muß not-
gedrungen die beiden Bedeutungen trennen, obwohl die andere immer mitschwingt.

95 (50) Nämlich König.

96 (52) Die Übersetzung ist etwas frei. »Weder Zeit noch Ort
klebten damals an dem Mord« heißt soviel wie »Der Plan
war da, aber keine passende Gelegenheit«.

97 (54a) Genaugenommen: »macht Euch zunichte« oder »stößt
Euch um«.

98 (54b) Die Frage, ob und wie viele Kinder Lady Macbeth
hatte, ist nicht zu beantworten und außerdem irrelevant.
Wichtig ist hier vor allem der emotionale Nachdruck, mit dem
sie auf der unbedingten Erfüllung eines Schwures besteht. –
Zwar hatte Lady Macbeth in der Tat ein Kind aus erster
Ehe, was aber bei Holinshed nicht erwähnt wird.

99 (61) Einige Kommentatoren vermuten, daß die Metapher vom
Spannen einer Armbrust herrührt; *sticking-place* ist der
Haltepunkt einer Schraube oder auch der Anschlag.

100 (64) Obwohl hier keine absolut grammatisch-semantische Be-
ziehungsverschiebung vorliegt, richtet sich *soundly* doch stärker auf das vorangehende *asleep* als auf das Prädikat, bei
dem es steht. Im Deutschen muß eine semantische Kompo-
nente des Wortspiels aufgegeben werden, denn wir sprechen
von tiefem oder festem Schlaf, nicht aber von einer tiefen
oder festen Einladung.

101 (65) Von lat. ›convincere‹.

102 (66–68) Die Anatomisten der Zeit dachten sich das Gehirn
in drei Kammern aufgeteilt, in deren hinterster, dem Klein-
hirn, sie das Gedächtnis vermuteten. Das Gedächtnis, als
Wächter des Gehirns, das seinerseits das Gefäß (*receipt* =
›receptacle‹) der Vernunft ist, hat die Vernunft vor einem
Angriff zu warnen. Eine etwas abweichende Interpretation,
die die Metapher aus der Alchimie erklärt, findet sich bei
E. Schanzer, *MLR* (1957), S. 223.

103 (73) Von ae. ›cwellan‹; von Shakespeare nur hier als Substantiv verwendet.

104 (74) *Mettle* ist eine Variante von ›metal‹, beide Formen wurden unterschiedlos gebraucht.

105 (80) Kittredge sieht hier – sicher mit Recht – einen Zusammenhang mit der Armbrust-Metapher in Z. 61.

106 (82) *The time* meint häufig die Leute, die einen beobachten. Siehe auch I,5,62 f.

Akt II, Szene 1

1 (6) Zu schlafen.

2 (14) Wenn man nicht Rowes Verbesserung folgt, der »officers« setzt, dann ist *offices* (die Unterkünfte der Dienerschaft) vermutlich als Metonym aufzufassen.

3 (16) Wahrscheinlich in dem Sinn: »beschloß den Tag . . .«.

4 (25) Der Satz läßt verschiedene Interpretationen zu, und Macbeth drückt sich wohl mit Absicht so vieldeutig aus. *Consent* bedeutet einmal ›council‹ oder ›advice‹ (›Rat‹), zum anderen eine Gruppe oder Partei mit übereinstimmenden Ansichten. ›To be of consent‹ hieß dagegen, ein Verbrechen begünstigen oder Beihilfe leisten. Macbeths Worte können also bedeuten: »Wenn Ihr auf meiner Seite bleibt oder Euch meiner Partei anschließt, a. um im Fall von Duncans (natürlichem) Ableben meine Forderungen zu unterstützen, b. um meine usurpatorischen Absichten zu unterstützen, dann . . .«. *When 'tis* bezieht sich entweder auf das Gespräch oder auf die Partei der Befürworter oder ganz allgemein auf den richtigen Zeitpunkt.

5 (27) Banquo spielt darauf an, daß Rang und Ehrentitel nicht immer den moralischen Qualitäten des Geehrten entsprechen. Er scheint aus Macbeths Worten durchaus unlautere Absichten herauszuhören.

6 (31) Auch ›posset‹ genannt; ein Getränk aus heißer Milch und Bier oder Wein, mit Zucker, Eiern u. a. aufgekocht, so daß das Ganze gerinnt.

7 (50) Muir schlägt für *abuse* ›deceive‹ vor, also ›täuschen‹, und sieht die Stelle im Zusammenhang mit Banquos Träumen von den Hexen in II,1,8 f. Aber das Bildfeld dieser Textstelle (Schwarze Messe, Mord, Vergewaltigung) legt einen stärkeren Ausdruck nahe.

8 (51) *Curtain'd sleep* nimmt das Epitheton von dem mit Vorhängen verhängten Bett.

9 (52) Hekate (lat. Hecate) ist eine aus Kleinasien stammende Göttin der griech. Mythologie, die volkstümlich als Herrin

von Spuk und Zauberwesen galt. Sie wurde oft mit Artemis-Diana und Persephone–Proserpina gleichgestellt. Siehe auch *King Lear*, I,1,110.

10 (55) Die Metapher spielt auf die berühmte römische Geschichte von der Schändung Lukretias durch König Sextus Tarquinius (Livius, I,57–59) an, die auch Shakespeare in *The Rape of Lucrece* bearbeitete. *Ravishing strides* ist eine Hypallage für »die Schritte des schändenden Tarquinius«.

11 (58) Muir verweist auf Habakuk 2,11 f.

12 (61) Shakespeare verbindet häufig ein Subjekt im Plural mit einem Prädikat im Singular.

Akt II, Szene 2

13 (2) Ein Wortspiel mit ›to quench thirst‹ und ›to quench a fire‹.

14 (3) ›Bellman‹ hieß der öffentliche Ausrufer, zu dessen Aufgaben es gehören konnte, zum Tode verurteilten Gefangenen in der Nacht vor der Hinrichtung ihren Tod anzukündigen – daher *fatal bellman*. Die Eule galt (und gilt teilweise noch immer) im Volksglauben als Verkünder nahen Todes.

15 (6) Siehe Anm. 6 zu II,1,31.

16 (15) Auch die Heimchen kündigten angeblich den Tod an.

17 (25) Malcolm und Donalbain. Seltsamerweise erwähnt Lady Macbeth nur Donalbain.

18 (36) *Sleave* bezeichnete entweder einen dünnen Seidenfaden oder auch Rohseide.

19 (38) Der zweite Gang einer Mahlzeit war der Hauptgang, nämlich der Braten. Die andere Bedeutung von *course*, ›Lauf‹, mag Shakespeare zu diesem Wort- und Gedankenspiel angeregt haben (nach Wilson).

20 (44) Siehe I,7,80: *bend – unbend*.

21 (55 f.) Ein makabres Wortspiel mit *gild* und *guilt*.

22 (61) *Incarnadine*, eigentlich ›fleischfarben‹, wurde vermutlich nicht vor Shakespeare als Verb verwendet, sondern nur als Adjektiv und Substantiv.

23 (64) D. h. ein blutleeres Herz, das, wie eine blutleere Leber, Mangel an Mut bedeutete.

24 (69) Zu Macbeths Zeit und noch lange danach schlief man nackt; *night-gown* ist daher kein Nachthemd, sondern ein Hausgewand.

25 (72) Dieser Satz ist von den verschiedenen Kommentatoren

unterschiedlich ausgelegt worden. Clarendon: Wenn ich meiner Tat ins Gesicht sehen muß, wäre es besser für mich, gänzlich das Bewußtsein zu verlieren. Wilson: Besser in Gedanken verloren, als meiner Tat ins Gesicht zu sehen. Muir: Es wäre besser für mich, auf immer in Gedanken verloren zu sein, d. h. mir selbst entfremdet, als mir meiner Tat völlig bewußt zu sein. Die Übersetzerin liest noch eine weitere Möglichkeit heraus, die nicht als direkte Antwort auf Lady Macbeths Worte zu verstehen ist, sondern als eine Art Zusammenfassung von Macbeths Schuldgefühlen: Da ich meine Tat nur zu genau kenne, wäre es besser für mich, ich könnte aufhören, über mich selbst nachzudenken, weil ich mich sonst als das sehen muß, was ich bin.

Akt II, Szene 3

26 (5) Ein Überschuß würde die Preise senken.

27 (9) Die Übersetzung ist etwas großzügig, auch wenn sich *equivocator* hier tatsächlich auf einen Jesuiten bezieht, nämlich Father Henry Garnet (auch »Farmer« genannt), der am 28. März 1606 wegen Mitschuld am »Gunpowder Plot« (1605) verurteilt und am 3. Mai gehängt wurde. ›Equivocation‹ (›Ausflüchte machen, durch Wortverdrehung und Mehrdeutigkeit der direkten Wahrheit ausweichen‹, daher auch kurz ›lügen‹) galt als die Praxis vor allem der Jesuiten, deren (der katholischen Kasuistik entstammende) Situationsethik es ihnen erlaubte, in Zwangssituationen selbst auf das Sakrament einen falschen Eid zu leisten, ohne dadurch meineidig zu werden. Father Garnet selbst verteidigte bei seinem Prozeß ›Equivocation‹.

28 (11) D. h. er wurde gehängt.

29 (14) Muir vermutet, daß der Schneider (eine traditionelle Witzfigur) erwischt wurde, weil die neue französische Mode zu sehr engen Hosen übergegangen war.

30 (15) *Goose* bezeichnete das Bügeleisen des Schneiders, aber auch eine durch eine Geschlechtskrankheit hervorgerufene Schwellung. *You may roast your goose* mag auch auf den Ausdruck »Kill the goose that lays the golden eggs« anspielen (Wilson), d. h. sich des zukünftigen größeren Glücks um des augenblicklichen Gewinns willen berauben – wie es der Schneider getan hatte.

31 (31) *Lechery* ist maskulin. Durch die Übersetzung (im Dt.

Femininum) gehen die meisten Zweideutigkeiten (z. B. *makes him stand to*) verloren.

32 (34) Ein Wortspiel: »es lügt sie in einen Schlaf« und »es belügt sie im Schlaf«, d. h. durch Träume (Elwin).

33 (35) Mit diesem Satz beginnt ein ausgedehntes Wortspiel, das im Deutschen nicht wiederzugeben ist. *Giving him the lie* kann nämlich auch aus der Ringersprache kommen und heißt dann soviel wie »indem es sie aufs Kreuz legt«. Ab Z. 38 überwiegt die Ringermetaphorik (*drink* wird plötzlich maskulin), obwohl *cast* außer ›werfen‹ auch ›erbrechen‹ heißen kann. Eine dritte Bedeutungsebene ist denkbar über ›chamber-lie‹ = ›Urin‹ (*Drink gave thee the lie* [...] *i'the very throat on me*). *Took up my legs* klingt an ›heave up my leg‹ = ›urinieren‹ an und *cast* kann ›ausscheiden‹ ganz allgemein sein.

34 (67) Shakespeare assoziiert vermutlich 1. Sam. 24, Vers 7, wo es heißt, daß David nicht die Hand an seinen Herrn, Saul, legen konnte (den »Gesalbten des Herrn«) – und 2. Korinther 6, Vers 16: »Ihr aber seid der Tempel des lebendigen Gottes«; in einer gemischten Metapher beschwört Shakespeare das Fluchwürdige des Königsmordes.

35 (71) Eines der drei weiblichen Ungeheuer mit Schlangenhaaren aus der griech. Sage, deren Anblick versteinerte. Medusa war ein anderes von ihnen.

36 (75) Siehe II,1,51.

37 (79) *Countenance* kann ›entsprechen, passen‹ heißen, aber auch ›anschauen‹. Hier sind vermutlich beide Bedeutungen beabsichtigt, da die Schläfer, wenn sie in hastig übergeworfenen Hemden verstört auf die Bühne kommen, um nachzuschauen, was los ist, den Anblick von Geistern bieten.

38 (80) Lady Macbeth nennt die Glocke »Trompete« und nimmt damit die Metapher des Jüngsten Gerichts auf.

39 (96) Eigentlich eine Reihe von drei bzw. vier Synonymen mit intensitätssteigernder Wirkung.

40 (100) *Badge* ist ein Abzeichen.

41 (110) Muir versteht *lac'd* als ›interlaced‹ = ›durchwebt‹ und führt zwei Shakespeare-Stellen an, wo ›laced‹ in diesem Sinn gebraucht wird. Dort ist aber von den Farben des Himmels und der Wolken die Rede – während ›Haut‹ für diese Metapher doch zu solide ist. Auch so ist die Metapher noch gekünstelt genug.

42 (114) Auch dies eine sehr gekünstelte Metapher, die jedoch

zu Shakespeares Zeit als solche gängig gewesen sein mag.
Die Dolche waren mit Blut bedeckt wie mit Hosen, anstatt
ihre richtigen »Hosen« zu tragen, nämlich ihre Scheiden;
daher ist ihre Erscheinung ›ungezogen‹ oder ›rüde‹. Macbeths Heuchelei zeigt sich in seiner unnatürlichen Ausdrucksweise.

43 (120) Wahrscheinlich meint Shakespeare das Loch, das ein
Dolch macht – genauso klein wie das eines Bohrers.

44 (131) ›Ready‹ bedeutete häufig ›angezogen‹, ›unready‹
›ausgezogen‹. Aber vermutlich ist mehr gemeint als nur
›männliche Kleidung anlegen‹, nämlich ›gerüstet sein wie ein
Mann‹ – in der Kleidung wie in der geistigen Haltung.

45 (138) Donalbain denkt an Macbeth; je enger der Verwandtschaftsgrad, desto größer die Lebensgefahr.

Akt II, Szene 4

46 (6) Die Bühnenmetapher (*act, stage*) mag durch die Theaterbedeutung von *heavens* = ›Bühnenhimmel‹ (Dach) ausgelöst worden sein.

47 (7a) Es wurde in der Schreibweise kein Unterschied gemacht
zwischen ›travel‹ und ›travail‹. So könnte es auch »die sich
mühende Himmelsleuchte« heißen – oder beide Bedeutungen
sind beabsichtigt.

48 (7b) *Lamp* könnte jede Art von Leuchtkörper sein, auch ein
himmlischer. Hier ist die Sonne gemeint. Die Version »Wanderlampe« von Schlegel–Tieck verkleinert das kosmische Ausmaß, in dem die Nacht obsiegt.

49 (12) *Towering in her pride of place* ist ein Ausdruck aus der
Falknerei, wie Shakespeare sie häufig verwendete. Die Schlegel–Tiecksche Übersetzung »wie stolzen Flugs ein Falke
schwebte« trägt dem nicht angemessen Rechnung und resultiert darüber hinaus aus der Ambiguität des Ausdrucks. ›To
tower‹ kann nämlich ›hoch über allem schweben‹ heißen –
wie auch ›steil emporschießen‹, was dann in der Falknersprache ›aufsteilen‹ wäre. Dies tun Raubvögel aber nur,
wenn sie eine Beute verfolgen oder wenn sie verwundet
sind. ›To tower‹ heißt in der Falknerei aber auch ›sich
kreisförmig emporschrauben‹, also ›aufkreisen‹.
In kann auch für die Akkusativ-Präposition ›into‹ stehen.
Place ist die endgültige Flugbahn, aus der der Falke herabstößt. *Pride of place* kann jedoch in der Normalsprache auch
›exalted position‹ bedeuten, so daß der Satz auch außerhalb

der Falknersprache sinnvoll ist. Die Bedeutung des beschriebenen Vorgangs liegt in der Umkehrung der natürlichen Ordnung, daß nämlich die normalerweise nachts Mäuse jagende Eule einen Falken mit seinen Mitteln tötet. (Für die Hinweise zur Falknersprache bin ich Dr. Sigrid Schwenk von der Universität Erlangen verpflichtet.)

50 (15) D. h. die Besten ihrer Rasse.

51 (16) Auch die Übersetzung »zerbrachen ihre Boxen, stürzten hervor« ist denkbar.

52 (17) *As* = ›as if‹, vgl. II,2,27.

53 (31) *Scone*, ca. zwei engl. Meilen nördlich von Perth, war die alte schottische Königsstadt.

54 (33) *Colme-kill* ist die Insel Iona in den Hebriden.

Akt III, Szene 1

1 (3) Vgl. I,5,21.

2 (BA) *Sennet* ist ein Wort, das in den Bühnenanweisungen alter Stücke eine bestimmte Tonfolge auf der Trompete oder dem Horn bezeichnet zu haben scheint – im Unterschied zu ›Tusch‹ (›flourish‹).

3 (15 f.) *Command upon* ist eine für Shakespeare nicht seltene Verkürzung für ›lay your command upon‹, so daß sich der folgende relative Anschluß *to the which* im Englischen auf *command* ebenso beziehen kann wie auf *your Highness*.

4 (44) *God be with you* wurde als »God b'wi you« (= ›goodbye‹) skandiert.

5 (61) *Barren* und *fruitless* sind genaugenommen Synonyma.

6 (64) *Fil'd* = ›defiled‹.

7 (67) Gemeint ist seine unsterbliche Seele.

8 (71) *To th'utterance* – ein Ausdruck, der bei Holinshed vorkommt und soviel wie ›to the uttermost‹ bedeutet.

9 (BA) Es handelt sich offensichtlich nicht um gemeine Berufsmörder, sondern um Männer, denen man persönlich etwas angetan hat, sei es zu Recht oder Unrecht. Granville-Barker nimmt an, daß es Offiziere sind, die unehrenhaft entlassen wurden.

10 (90) Obwohl der Sprecher hier *men* durchaus im Sinne von ›Mann‹ versteht, antwortet Macbeth zunächst mit einem Tiervergleich, der ›Mensch‹ zum Gegensatz haben müßte – vgl. Lady Macbeths Rede in I,7,47. Macbeth sagt de facto, sie sollten nicht einfach Männer sondern »richtige« Männer sein.

11 (92) ›Köter‹ wäre wohl die gängigere Übersetzung für *mongrels*, wenn nicht gleich darauf *curs* folgte.

12 (93a) Die lexikalische Bedeutung ist nicht ganz klar; Muir gibt z. B. nur »rough-haired water dog«, das *NED* gibt zusätzlich ›Pudel‹ an; *shough* dagegen, auch ›shockdog‹ oder ›shog‹, wird als Schoßhund aus Island und ebenfalls als ›Pudel‹ bezeichnet (*NED*).

13 (93b) *Clept* = ›called‹ wurde bereits zu Shakespeares Zeit obsolet.

14 (94) *The valu'd file* ist eine Liste oder ein Verzeichnis, in dem die Eigenschaften und der Wert bestimmter Sachen oder Tiere angegeben ist. *Valu'd* ist daher ein Adjektiv von ›value‹, nicht etwa das Partizip des Verbs.

15 (99) Siehe I,3,106.

16 (101 f.) Macbeth benutzt hier eine Reihe von Ausdrücken mit militärischen Konnotationen: *station, file, rank*.

17 (104) Siehe I,7,20.

18 (115) *Distance* hieß die Entfernung, die zwei Fechter unbedingt einhalten mußten. Daraus wurde übertragen ›Feindschaft‹.

19 (119) D. h. ohne eine andere Rechtfertigung, als daß ich es so gewollt habe.

20 (129) Der Sinn dieses Satzes ist dunkel und dementsprechend häufig kommentiert worden. Möglicherweise liegt eine Verstümmelung vor. Die meisten Kommentatoren schlagen eine andere Lesart für *spy* vor, so ›espyal‹ (Heath) oder ›spial‹ (Muir), so daß die Übersetzung hieße a. »mit der genauen Mitteilung des Zeitpunktes« oder b. »mit genauer Beobachtung der Zeit«. Vielleicht aber ist *perfect spy o'th'time* eine vorausgestellte Apposition zu *the moment on't* (Z. 130) und das Ganze eine kühne Metapher: der Zeitpunkt für die Tat ist der ideale Kundschafter der Zeit. Das könnte in dem Sinn zu verstehen sein, daß der richtige Augenblick für die Tat der Tat (und der daraus resultierenden Entwicklung) vorausgeht wie ein Kundschafter einer kampfbereiten Truppe.

21 (131) *Something* ist hier adverbial verwendet wie ›somewhat‹.

Akt III, Szene 2

22 (7) *Doubtful* könnte auch heißen ›being ourselves full of doubt‹, also ›argwöhnisch‹.

23 (16) Die himmlische und die irdische Welt bilden das Universum: *the frame of things.*

24 (23) *Fitful* ist eine Prägung Shakespeares und bedeutet ›full of fits‹.

25 (38) *Nature's copy* läßt sich auflösen in »their holding by ›copy‹ from nature«. ›Copyhold‹ bezeichnete eine bestimmte Form des Lehnsbesitzes. Allerdings ist diese Version umstritten und Clarkson und Warren (*MLN*, LV, 483–493) weisen u. a. nach, daß Shakespeare sonst ›copy‹ nie in diesem Sinn verwendet. Eine andere Übersetzungsmöglichkeit für ›copy‹ wäre daher ›Nachbildung‹ oder eben ›Kopie‹. Aber siehe Z. 49.

26 (42) *Shard-born* kann ebensogut ›dung-bred‹ heißen wie ›borne on wings that are covered by shards‹. Im ersteren Fall handelte es sich um eine Art Mistkäfer oder Maikäfer; die (verkürzende) Übersetzung entscheidet sich für den zweiten Fall.

27 (45) *Chuck* ist ein Kosename (von ›chicken‹).

28 (46) ›To seel‹ ist wieder ein Ausdruck aus der Falknerei und bedeutet das Zunähen der Falkenaugen, dt. ›verbrelen‹.

29 (47) *Pitiful* kann ebensogut auch ›mitleidig‹ heißen.

30 (49) Der die Modalitäten festlegt, unter denen Banquo und Fleance ihr Leben als Lehnsgut von der Natur erhalten haben.

31 (50) Es ist vorgeschlagen worden, statt *pale* ›paled‹ = ›eingeschränkt‹ zu lesen, was mit Z. 55 oben korrespondieren würde und *bond* eine zusätzliche Bedeutung gäbe.

32 (51) *Rooky* von ›rook‹ = ›(Saat-)Krähe‹, d. h. der Wald ist schwarz wie die Krähe und voller Krähen.

Akt III, Szene 3

33 (16) Der Satz mag eine wegwerfende Antwort auf Banquos Bemerkung sein – oder er begleitet die Handlung des 1. Mörders und bezieht sich auf die Fackel – oder er ist eine Aufforderung zum Zuschlagen.

Akt III, Szene 4

34 (10) Obwohl auch vorgeschlagen worden ist, daß sich dieser Satz auf den Höflichkeitsaustausch zwischen Lady Macbeth und den Gästen bezieht, ist doch wahrscheinlicher, daß Macbeth hier die Zahl der an der Tafel sitzenden Gäste meint.

35 (20) Siehe III,1,107.

36 (32) Es gibt Dinge, die man gibt, aber nicht verkauft – daher die negativen Konnotationen von *sold*. Vielleicht spielt auch die Bedeutung von ›betrügen‹ mit hinein, wie der moderne Slang sie kennt und wie sie dem Ausdruck »verraten und verkauft« zugrunde liegt. Dann müßte es eher heißen »ist verkauft«.

37 (40) *Grac'd* kann ›gracious, gracing‹ oder ›full of grace‹ heißen, also ›gütig, freundlich‹, ›beehrend, auszeichnend‹ oder ›würdevoll‹.

38 (61) Oder auch im Sinne von ›drawn through the air‹.

39 (75a) Zu Shakespeares Zeiten wurde *humane* und ›human‹ nicht klar unterschieden. Das dt. ›menschlich‹ enthält beide Bedeutungen.

40 (75b) Wieder ein proleptischer Gebrauch des Adjektivs: das durch humane Gesetze gereinigte Gemeinwesen wurde friedfertig.

41 (94) Das dt. Wort »Betrachtung« trifft hier ausnahmsweise einmal sehr gut, da das denkende, verstehende Wahrnehmen gemeint ist.

42 (100) Hyrcania, südlich des Kaspischen Meeres, war für seine Tiger berühmt. Die Anspielung entstammt – wie auch die auf das Nashorn – der *Naturalis historia* von Plinius d. Älteren (23/24? – 79 n. Chr.).

43 (104) *If trembling I inhabit* ist morphologisch mehrdeutig, da *trembling* Objekt oder adverbiale Bestimmung sein kann. Im ersteren Falle kann *inhabit* im Sinne von ›to house‹ oder von ›to wear‹ zu verstehen sein: »Falls ich ein Zittern beherberge« oder »Falls ich mich in ein Zittern kleide«.

44 (105) Oder auch »erkläre mich zu einem kleinen Mädchen« – in der Bildung analog zu ›a slip of a girl‹.

45 (111 f.) D. h. »Ich kann mich selbst nicht mehr für mutig halten.«

46 (122a) Die wahrscheinlichste Erklärung ist, daß es sich um den Stein handelt, mit dem ein Ermordeter zugedeckt worden ist.

47 (122b) Die meisten Herausgeber vermuten darin eine Anspielung auf die *Aeneis*, III,22–68, wo der Geist des Polydorus aus einem Baum spricht.

48 (123) Shakespeare benutzt die Wörter ›augury‹ und ›augurer‹ in ihrer jeweiligen Bedeutung und ebenso ›augur‹, das beides, ›Wahrsagung‹ und ›Wahrsager‹, bedeuten konnte. Hier ist jedoch ›Wahrsagung‹ gemeint.

Akt III, Szene 5

49 Diese Szene ist wahrscheinlich nicht von Shakespeare.
50 (4) *To trade and traffic* sind Synonyme.
51 (15) Der griechische Fluß der Unterwelt, hier jedoch nicht
zu wörtlich zu verstehen.
52 (24) Hier ist vermutlich an den *virus lunare* der Antike
gedacht, eine Flüssigkeit, die der Mond angeblich auf Kräu-
ter und anderes tropfen ließ, wenn er durch einen starken
Zauber beschworen wurde.
53 (27) *Artificial* kann ›künstlich‹ heißen – und das bedeutete,
daß Hekate nur Schein-Dämonen erschaffen will. Oder aber
sie beschwört echte Dämonen, die voller ›artifice‹ sind, also
listig und voller Kunst, eine wahrscheinlichere Deutung.
54 (BA) Der Anfang eines Liedes aus dem Schauspiel *The
Witch* von Thomas Middleton (1550–1627).
55 (BA) Wilson (nach Adams, *The Globe Playhouse*, S. 335
bis 366) beschreibt den Abgang: Hekate fährt zu der Wolke
auf, d. h. sie wird in einem Wagen, der mit sich bauschen-
den Tüchern verkleidet ist, von Winden nach oben gezogen.

Akt III, Szene 6

56 (8) Die doppelte Verneinung ist ein grammatischer Lapsus
für ›who can want‹, obwohl Empson (*Seven Types*, S.
265) darin eine zweite, der Ironie des Sprechers gegenläu-
fige Aussage vermutet: »Who must not feel that they have
not done anything monstrous at all?«
57 (10) *Fact* im Sinne von ›act, deed‹ wird von Shakespeare
durchgehend negativ als ›böse Tat, Verbrechen‹ verwendet.
58 (30) Gemeint ist Malcolm.
59 (38) Macbeth.
60 (41a) Ein *dativus ethicus*.
61 (41b) Mit düsterem Gesicht.
62 (42) Armstrong (*Shakespeare's Imagination*, repr. 1963, S.
44 f.) weist nach, daß in Shakespeares Dramen *hum* immer
mit Tod in Verbindung gebracht wird – siehe z. B. III,2,42;
IV,3,203 und *Henry V*, I,2,202–204.

Akt IV, Szene 1

1 (1) Graymalkin, der dienstbare Dämon der 1. Hexe. *Brinded* ist die elisabethanische Form von ›brindled‹.
2 (3) Der dienstbare Geist der 3. Hexe. Es könnte sich nach
Steevens um eine Entstellung von ›harpy‹, der Harpyie der

griechischen Mythologie, handeln – oder es ist eine Eule (Paul), die immer schreit, ehe ein Mord geschieht.

3 (8a) Man glaubte, daß alle Kröten giftig seien; Hexen pflegten angeblich ihre Gifttränke häufig mit Kröten zuzubereiten.

4 (8b) Schlegel-Tieck übersetzt hier »im Schlaf gegoren«, aber der Vergleich mit Zeilen 25 und 28 zeigt, daß es wichtig ist, zu welchem Zeitpunkt man diese Dinge *sammelt*.

5 (16) Die Blindschleiche wie auch der Molch (s. Anm. 3) galten als giftig.

6 (23) ›Mumia‹ war ein Arkanum der alchimistisch denkenden Paracelsus-Schüler des 17. Jh.s. »Frische Mumie« (d. h. der Saft frisch Getöteter) und »echt ägyptische Mumie« (oder was man dafür hielt) galten als Volksheilmittel.

7 (24) *Ravin'd* kann für das Adjektiv ›ravenous‹ = ›gefräßig, raubgierig‹ stehen, evtl. für das aktive Partizip Präs. ›ravening‹ – oder aber als Part. Perf. den Gedanken von ›mit Menschenfleisch vollgefressen‹ (Steevens) evozieren.

8 (27) Triebe, Nadeln und Samen der Eibe enthalten ein stark giftiges Alkaloid.

9 (29 f.) Türken, Tataren, Juden ebenso wie das bei der Geburt erwürgte Kind waren ungetauft und daher für Hexen brauchbar.

10 (32) *Thick* und *slab* sind Synonyme.

11 (34) Siehe I,7,11.

12 (BA) Vermutlich eine spätere Interpolation. Einige Editoren lesen »Enter Hecate *to* the other three Witches«.

13 (42) *Like elves and fairies* ist hier offensichtlich fehl am Platz und kann nicht von Shakespeare sein.

14 (BA) Ein weiteres Lied aus *The Witch* von Middleton.

15 (44) Hier setzt der Shakespeare-Text wieder ein.

16 (48) Die die Schwarze Kunst praktizieren.

17 (57) *Slope* im Sinne von ›beugen‹ taucht sonst nirgends auf, und die Konjektur von Capell, »stoop« (geschrieben »stope«), hat viel für sich.

18 (59) Curry (*Shakespeare's Philosophical Patterns*, S. 31 ff.) sieht in *Nature's germens* die ›rationes seminales‹ (»material essences«), von denen Augustin in *De Trinitate* spricht. Dieser unsichtbare Samen, der in allen Dingen liegt, entspricht für Augustin den Archetypen, den »Gedanken Gottes«, aus denen alles hervorgeht und seine Gestalt ableitet. Die spätantike Stoa hatte bereits die platonischen Ideen als »Samen-

kräfte« des Wirklichen verstanden, der Neuplatonismus
nannte sie »Gedanken« und betonte ihren transzendentalen
Ursprung.

19 (65) *Sweaten* ist eine unregelmäßige Bildung für ›sweated‹,
damit es sich auf *eaten* reimt.

20 (BA) Das gepanzerte Haupt ist Macbeths eigener Kopf, den
Macduff Malcolm überbringen wird.

21 (BA) Macduff, frisch aus dem Mutterleib geschnitten.

22 (BA) Malcolm, der den Befehl zum Abhauen der Zweige
geben und schließlich rechtmäßiger König werden wird.

23 (89) Die Krone und gleichzeitig die Krönung, d. h. die Voll-
endung seiner – Macbeths – Pläne (R. G. White).

24 (93) *Birnam* ist ein Berg in der Nähe von Dunkeld, 12 engl.
Meilen nordwestl. von Dunsinnan, das seinerseits 7 engl.
Meilen nordöstl. von Perth liegt.

25 (98) Die Zeile scheint fehlerhaft zu sein: *rise* ist vermutlich
aus Versehen von der vorhergehenden Zeile übernommen
worden, und auch die folgenden Worte klingen im Munde
Macbeths merkwürdig. Es ist vorgeschlagen worden, daß
Macbeth vielleicht inkognito bei den Hexen war oder daß
der ganze Abschnitt von *Sweet* bis *custom* ursprünglich von
einer der Hexen gesprochen wurde.

26 (99) Die Metaphorik *lease* (›Pacht‹) *of Nature* und *pay his
breath* entspricht der in III,2,38: *Nature's copy.*

27 (100) D. h. dem Brauch der Sterblichkeit, daß schließlich gestorben wird.

28 (106) *A noise* war die Bezeichnung für eine Gruppe von
gewöhnlich drei Musikern, die in Schenken etc. auftraten
und / oder die Musik, die sie machten.

29 (BA) Banquo war der angebliche Ahnherr der Stuarts, die
bretonischen Ursprungs waren. Walter Stewart (Stuart) hei-
ratete die Tochter von Robert the Bruce und starb 1326.
Sein einziger Sohn bestieg als Robert II. den Thron. Ihm
folgte Robert III. und dann sechs Könige mit dem Namen
James. Shakespeare läßt Mary, Queen of Scots (die Mutter
von James [Jakob] VI.), aus – vielleicht weil in der Weis-
sagung der Hexen nur von Königen die Rede ist.

30 (113) Möglicherweise im Sinne von ›Prägung, Charakter‹
(*OED*), es sei denn, man folgt Johnsons Konjektur zu
»air« = ›Aussehen‹.

31 (121) Die zweifachen Reichsäpfel versteht man im allgemeinen als Hinweis auf die zweifache Krönung von James I.

in Scone und Westminster. Die dreifachen Zepter sind die beiden, die zur Einsetzung bei der englischen Krönung benutzt werden, und das eine, das bei der schottischen Krönung benutzt wird.

32 (123) *Bolter'd* war – nach Malone – ein Dialektausdruck aus Warwickshire für ›clotted‹ oder ›matted hair‹.

33 (125–132) Möglicherweise eine Interpolation.

Akt IV, Szene 2

34 (7) *Titles* wird gemeinhin verstanden als all das, wozu er ›entitled‹ ist, d. h. worauf er einen Besitzanspruch hat.

35 (11) Obwohl der Tiervergleich in keinem Punkt stimmt, ist er doch aussagekräftig. Wieder taucht die Eule im Zusammenhang mit dem drohenden Tod auf – nicht nur für den Zaunkönig und seine Jungen.

36 (12) Siehe 1. Joh. 4,18: »Wer sich aber fürchtet, der ist nicht völlig in der Liebe.« (Nach Noble, *Shakespeare's Biblical Knowledge*).

37 (22) Nach Muirs Emendation der Folio-Interpunktion (Gedankenstrich statt eines Punktes) bricht Rosse den Satz plötzlich ab, da er in Eile ist.

38 (23) Im elisabethanischen Englisch gibt es viele Beispiele für die Auslassung des Subjekts, das impliziert ist. Rosse hat es eilig, s. o.

39 (29) Rosse fürchtet, in Tränen auszubrechen.

40 (32) Vgl. Matthäus 6,26.

41 (47) Eine erneute Anspielung auf die Hinrichtung Henry Garnets und die »equivocators«.

42 (66) *Doubt* im Sinne von ›fear‹ war im elisabethanischen Englisch nicht ungewöhnlich.

Akt IV, Szene 3

43 (4) Das Bild entstammt der Schlacht, in der sich ein Krieger breitbeinig über einen gefallenen Kameraden stellt, um dessen Körper mit dem Schwert zu verteidigen.

44 (33) Die Anrede *thou* kann an *poor country* ebenso gerichtet sein wie an Malcolm oder *great tyranny*. Schlegel-Tieck z. B. wählt eine der beiden ersten Möglichkeiten und übersetzt »Trage dein Leid«. Logischer erscheint jedoch die andere Möglichkeit, wo ein durchgehender Gedanke angenommen wird: der (unrechtmäßige) Besitzanspruch der Tyrannei ist durch die Zaghaftigkeit der Redlichen gesichert.

45 (34) ›To affeer‹ war ursprünglich ein Wort aus der Handelssprache (›Marktpreise festsetzen‹), das dann in der Rechtssprache das Festsetzen bestimmter Geldstrafen bezeichnete.

46 (43) Edward the Confessor.

47 (50) Von hier an gibt Malcolm nicht etwa eine Selbstcharakterisierung, sondern er legt sich Macbeths Laster zu.

48 (52) Das Bild der Pflanze wird fortgesetzt: die Laster ›blühen auf‹.

49 (55) *Confineless* wird sonst nirgendwo von Shakespeare verwendet.

50 (58) *Luxurious* hat bei Shakespeare immer die heute obsolete Bedeutung von ›lascivious‹.

51 (64) Ein Wortspiel mit den beiden Bedeutungen von *continent*, ›keusch‹ und ›einschränkend‹.

52 (67) Die menschliche Natur wird analog zum Kosmos als Mikrokosmos oder – da der Staat seinerseits ein Analogon zum Kosmos war – als »kleiner Staat« gesehen.

53 (86) Oder ›summer-beseeming‹ = ›dem Sommer geziemend‹.

54 (107) *Interdiction* ist ursprünglich ein entschiedenes Verbot speziell in kirchlichen Angelegenheiten. Hier scheint es jedoch ein Ausdruck aus dem schottischen Recht zu sein, der dem dt. ›Entmündigung‹ entspricht. Malcolm hat sich selbst der »Schwächen« bezichtigt, die zu seiner Entmündigung führen müßten.

55 (134) Siward, Graf von Northumberland.

56 (136) *Goodness* hier = ›good fortune‹.

57 (146) *The Evil* = ›the king's evil‹ waren die Skrofeln.

58 (153) *Stamp* eigentlich ›Prägung‹, metonymisch für Münze.

59 (160) Malcolm könnte ihn an seiner Kleidung erkannt haben, obwohl erst der Schauspieler Macklin 1773 schottische Nationaltracht in das Stück eingeführt haben soll. In den früheren Illustrationen fehlt sie.

60 (168) *Rent* wurde wie ›rend‹ unterschiedslos als Präsens verwendet.

61 (170) *Modern* hatte noch nicht die positiven Konnotationen von ›neu‹ und damit ›interessant‹, sondern eher im Gegenteil: was in der Gegenwart geschieht, ist nur allzu bekannt und daher alltäglich.

62 (175) D. h. wenn einer das vor einer Stunde geschehene Leid berichtet, wird er von den Zuhörern ausgezischt (wie im Theater), weil es bereits etwas Neueres gibt.

63 (179) Rosse verdreht hier die Worte, weil er die Nachricht nicht herausbringt: ›seinen Frieden haben‹ = ›tot sein‹.

64 (186) Malcolms.

65 (188) Erneut eine Kleidermetapher, wie auch schon Z. 33 oben.

66 (196) ›Fee‹ in *fee-grief* bedeutete ursprünglich ›fief‹ oder ›feud‹ = ›Lehnsgut‹. ›An estate in fee simple‹ wurde später nicht nur der größte Erbbesitz, den das engl. Recht kannte, sondern war auch absolutes Eigengut. ›To hold in fee‹ hieß demnach ›besitzen, zu eigen haben‹. Vielleicht schwingt der Gedanke an die Größe des Besitzes in *fee-grief* mit.

67 (203) Siehe Anm. 62 zu III,6,42.

68 (206a) *Quarry* ist eigentlich das auf einen Haufen zusammengetragene, getötete Wild. Der Ausdruck aus der dt. Jägersprache läßt eher an die Reihe der Opfer denken, wie sie – nacheinander getötet – daliegen.

69 (206b) Das Wortspiel *deer* – ›dear‹ geht verloren.

70 (214) Man glaubte, daß eine Leidenschaft die andere austreibe.

71 (216) Entweder meint Macduff Malcolm, der sonst nicht so reden würde, oder Macbeth, der das sonst nicht getan hätte.

72 (219) Das Herabstoßen des Habichts.

73 (221) Zum dritten Mal das Spiel mit der Doppelbedeutung von *man*.

74 (240) Empson (*Seven Types*, S. 256 f.) sieht in diesem Satz ein Beispiel für die komplizierteste Form der »ambiguity«, die Balance absolut gegensätzlicher Bedeutungsinhalte. Der Satz ist einerseits tröstend gemeint, andererseits verweist er auf die lange Nacht, die auf alle wartet, den Tod.

Akt V, Szene 1

1 (6) Vermutlich um einen Rand zu kniffen.

2 (33) Lady Macbeth glaubt, die Glocke schlagen zu hören.

3 (40) Man beachte den Gebrauch des Knittelverses: er erweckt den Eindruck eines irren Singsangs. Der *Thane of Fife* ist Macduff.

4 (44) Lady Macbeth ist gemeint.

5 (60) Für *on* = ›of‹ vgl. I,3,84.

6 (73) ›Annoy‹ und *annoyance* hatten zu Shakespeares Zeit noch die stärkere Bedeutung von ›injury, harm‹.

Akt V, Szene 2

7 (2) Bei Holinshed ist Siward der Großvater Malcolms. Zwar
kann im elisabethanischen Englisch ›nephew‹ sowohl ›Enkel‹
wie ›Neffe‹ heißen, doch da Duncan im Stück sehr viel
älter ist als bei Holinshed, mußte Siward wohl aus Gründen
der Wahrscheinlichkeit zum Onkel gemacht werden.

8 (3) Für *dear causes* sind eine Reihe von Erklärungen denkbar: z. B. ›tiefgefühlte Sache oder Ursache‹, ›bitteres Leid‹,
›schwerer Anlaß‹ etc. entsprechend der einen möglichen Bedeutung von *dear* = ›grievous, severe, dire‹. *Cause* könnte
auch ›Krankheit‹ heißen. Die Übersetzung ist ein Kompromiß.

9 (4) *Bleeding* mag eine zusätzliche unterschwellige Verbindung zu *causes* und *burn* haben, da man einen Fieberkran-
ken zur Ader ließ, d. h. ›blutete‹. Ebenso könnte der Aber-
glaube mitschwingen, daß die Leichen Ermordeter zu bluten
anfangen, wenn der Mörder in ihre Nähe kommt. Dann
wäre – in einem verschachtelten Wortspiel – Macbeth Ursache, Leid, Krankheit und Mörder in einem, was er ja
tatsächlich ist.

10 (15 f.) Die Metapher kann sich entweder auf Macbeths
Geisteszustand beziehen (*cause* = ›Krankheit‹) oder auf die
zunehmenden Schwierigkeiten, sein (krankes) Reich zu regieren.

11 (21) Zur Kleidermetapher vgl. I,3,108 f. und I,3,145 ff.

12 (23) Für diesen Gebrauch von *recoil* vgl. IV,3,19.

13 (27) Normalerweise benutzt Shakespeare *med'cine* im Sinne
von ›Arznei‹, es könnten hier aber auch ›Arzt‹ gemeint sein
(s. frz. ›médecin‹). Die Rede ist von Malcolm.

14 (28) Fortsetzung der medizinischen Metapher: Purgation
durch Aderlaß – nur daß es die Sprecher selbst sind, die ihr
Blut vergießen.

Akt V, Szene 3

15 (8) Epikureer waren zunächst Anhänger des griech. Philo-
sophen Epikur (341–271 v. Chr.); seit der römischen Zeit
wurden (fälschlich) dem Sinnengenuß, vor allem dem ver-
feinerten Essen und Trinken ergebene Menschen so genannt.
Den Schotten galten die Engländer als üppige Schlemmer
und daher schon als verderbt.

16 (15) Neben dem Herzen galt die Leber vor allem als Sitz
der Liebe und der starken Emotionen. Eine weiße (blutleere)
Leber bedeutete Feigheit.

17 (17a) Genau: raten zur Furcht.

18 (17b) *Whey* = ›Molke‹.

19 (21) Da die Aussprache von *cheer* und ›chair‹ in der Shakespeare-Zeit sehr nahe beieinander lagen, ist ein Wortspiel denkbar, das ›chair‹ = ›Thron‹ auf *disseat* bezieht, während *cheer* im Zusammenhang mit *sick at heart* steht.

20 (35) Shakespeare verwendete ›more‹ und *moe* nebeneinander.

21 (50 ff.) ›To cast the water‹ war der medizinische Terminus für eine Diagnose mit Hilfe einer Urin-Untersuchung.

22 (54) Vermutlich irgendeinen Teil seiner Rüstung wie in Z. 58.

Akt V, Szene 4

23 (14 f.) D. h. »Erst nach der Schlacht können wir ein gerechtes Urteil fällen.«

24 (21) Die grammatischen Bezüge sind nicht eindeutig: das Relativpronomen könnte sich auch auf *strokes* beziehen, d. h. »laßt es endlich zum Kampf kommen!«; das Verb könnte auch im Konjunktiv stehen, und dann wäre *war* das Subjekt. Die erste Lösung scheint jedoch die wahrscheinlichste.

Akt V, Szene 5

25 (5) Vermutlich ein Wortspiel um *forc'd* = ›reinforced‹ und = ›farced‹ (›gestopft‹, ein Küchenausdruck), siehe *eat*.

26 (6) *Dareful* taucht sonst bei Shakespeare nicht auf.

27 (11) *Fell of hair* ist genaugenommen die Haut mit den Haaren, wie ›Fell‹.

28 (17) Dieser Satz hat zu vielen, z. T. komplizierten Interpretationen Anlaß gegeben. Die Möglichkeit, für *should* ›would‹ zu lesen, macht Macbeths Worte in der Tat mehrdeutig.

29 (23) Eine deutliche Reminiszenz an Hiob 18,6. Luther übersetzt statt Kerze ›Leuchte‹.

30 (24a) Ebenfalls ein Anklang an Hiob 8,9: »... denn wir sind von gestern her, und wissen nichts; unser Leben ist ein Schatten auf Erden.«

31 (24b) Der Vergleich wurde vermutlich von *shadow* angeregt, denn der Gedanke, daß Schauspieler nur Schatten seien, taucht zweimal im *Sommernachtstraum* auf.

32 (40) Als Dialektausdruck noch erhalten.

33 (43) Siehe II,3,9.

Akt V, Szene 6

34 (4) *Battle* konnte entweder das ganze Heer in Schlachtord-
nung oder das Hauptheer oder – wie bei Holinshed – eine
einzelne Heeresgruppe sein.

Akt V, Szene 7

35 (1 f.) Das Bild kommt von der Bärenhetze (›bear-baiting‹),
einem beliebten Sport der Zeit. *Course* war der Fachaus-
druck für eine Kampfrunde zwischen Bär und Hunden.

36 (17) Entweder ist jetzt auch Macbeth auf irische Söldner an-
gewiesen wie vorher Macdonwald (so Wilson), oder *kerns*
ist hier ein verächtlicher Ausdruck für ›boors‹ = ›Bauern‹
(New Clarendon).

37 (21) Auch dieses Wort erscheint nirgends sonst bei Shakespeare.

38 (BA) Da der alte Siward die Leiche seines Sohnes nicht
sieht, muß sie entweder (siehe V,9,10) kurz vor seinem
Auftritt – und nach Macduffs Abgang – von der Bühne gebracht worden sein, oder der junge Siward wurde in der
Galerie getötet (wie Granville-Barker glaubt) und war
hinter einem Vorhang verborgen.

39 (29) Einige Interpreten lesen: »die (absichtlich) daneben-
hauen«. Siehe Schlegel-Tieck.

Akt V, Szene 8

40 (1) Wie z. B. Cato der Jüngere, Brutus oder Antonius.

41 (9) Shakespeare benutzt hier die Aktivform in einem passi-
ven Sinn.

42 (13) *Despair* galt als transitives Verb, daher wurde die Präposition ausgelassen.

43 (17) Sein böser Engel = Teufel.

44 (18) Wieder läßt die Doppelbedeutung von *man* verschiedene
Auslegungen zu. Muir versteht ›Menschsein‹, der bessere
Teil wäre dann ›Geist‹, abgesetzt von ›Körper‹. Doch
scheint Macbeth seinen *Mut* zu verlieren, der den Mann
auszeichnet (siehe New Clarendon).

45 (26) *Pole* steht für ›board on a pole‹.

46 (29) Siehe ›bear-baiting‹ (Anm. 35).

Akt V, Szene 9

47 (2) Eine Bühnenmetapher, in der das Leben mit dem Theater verglichen wird. Siehe vor allem V,5,24–26.

48 (14) Vielleicht ein Wortspiel mit *hairs* – ›heirs‹ (›Erben‹).

49 (20 f.) Nämlich auf einer Stange.

50 (21) *Time* hat bei Shakespeare unterschiedliche Bedeutungen.
Hier wie auch in I,5,63 f. meint *time* eher die Menschen *in*
der gegenwärtigen Zeit, das Zeitalter oder die Welt, während z. B. weiter unten in den Zeilen 26, 31 und 39 *time*
für verschiedene Aspekte von »Zeit« steht.

51 (36) Shakespeare betrachtete *self* als Adjektiv, siehe die ähn-
liche Konstruktion in III,4,141.

Nachwort

Mit *Macbeth*, der letzten der vier späten oder »großen« Tragödien, griff Shakespeare noch einmal einen historischen Stoff aus Holinsheds *Chronicles of England, Scotland and Ireland* auf, die ihm bereits das Material für seine Historien und teilweise auch für *King Lear* geliefert hatten. Das Interesse James' I. (und VI. von Schottland) an Fragen der Stuart-Genealogie einerseits und an dem Phänomen des Hexenwesens andererseits (1597 hatte er eine diesbezügliche Untersuchung, die *Daemonologie*, veröffentlicht) mag die Wahl dieses speziellen Themas aus der schottischen Geschichte beeinflußt haben. Eine Reihe von stofflichen Änderungen gegenüber der Vorlage, vor allem natürlich das Aussparen von Banquos Mittäterschaft am Königsmord (Banquo galt als Begründer der Stuart-Dynastie), lassen sich als Zugeständnisse an James' Gefühle, wohl auch als Kompliment (siehe die Erwähnung des »King's Evil«) verstehen. Doch gibt es keine wichtige Veränderung der Vorlage, die nicht in erster Linie Shakespeares dramatischen Intentionen und seinem Willen zur thematischen Umformulierung entsprungen wäre.

Neben allen jenen Aussparungen, Straffungen und Umstellungen, die der Forderung nach dramatischer Ökonomie entsprechen, sind vor allem jene Änderungen bedeutsam, die aus dem zumindest teilweise zu rechtfertigenden politischen Anschlag einer unzufriedenen Gruppe die Tat eines einzelnen machen, der noch nicht einmal das bei Holinshed vorgegebene Motiv persönlicher Rache für sich in Anspruch nehmen kann. Dadurch, daß Shakespeare aus dem historischen Duncan, der als schwach und unfähig geschildert wird, ein leuchtendes Muster an Tugend und Güte macht, Macbeth darüber hinaus jede noch so zweifelhafte Rechtfertigung seiner Handlung nimmt, unterstreicht er die Ungeheuerlichkeit dieses Mordes. Von dem Königsmord als politisch-öffentlichem Geschehen mit all seinen schuldhaften

und tragischen Konnotationen verlagert sich das Gewicht
auf den Königsmord als persönliche Schuld, von der inter-
pretierten Geschichte der Historien auf die dargestellte
Schuld des Individuums in einem historischen Kontext, zur
Tragödie.

Der Vergleich zwischen *Macbeth* und den anderen späten
Tragödien ist oft gezogen worden. Auch wenn jedes der
vier Dramen einen anderen Tragödientypus verkörpert, so
lassen sich ohne weiteres Entsprechungen nachweisen, die
letztlich natürlich alle auf ein gemeinsames – wenn auch
schwer faßbares – tragisches Weltbild zurückzuführen sind.
Sinnvoller ist hier jedoch ein Blick auf die grundsätzliche
Andersartigkeit *Macbeths*.

Auffällig ist zunächst die Kürze des Dramas (es ist eines
der kürzesten Shakespeare-Stücke überhaupt), die mit zum
Teil sehr unzusammenhängender Sprach- und Versgestal-
tung Hand in Hand geht. Daraus und aus der Tatsache,
daß der Folio-Text von 1623 offensichtlich auf ein
Soufflierbuch oder dessen Abschrift zurückgeht, haben viele
Editoren auf eine Verstümmelung des Textes oder zumindest auf eine Reihe von Kürzungen geschlossen. Andererseits ist immer wieder betont worden, daß die Textgestalt
durchaus dem thematischen Ansatz entspricht, bzw. daß der
dramatische Aufbau und die dramatische Sprache in eben
dieser Form den Sinn des Dramas wesentlich mit bestim-
men. Die Einsträngigkeit und Zielgerichtetheit der Handlung, die erst zum Ende hin (ab IV,3) eine Gegenhandlung
zuläßt, der rasche dramatische Ablauf, der die siebzehn
Jahre der Usurpation (Macbeth regierte allein zehn Jahre
hart aber gerecht, ehe er Banquo tötete) auf Wochen oder
Monate zusammendrängt, und die Konzentration auf die
beiden Hauptfiguren, neben denen alle anderen Figuren
mehr oder minder unprofiliert bleiben, zusammen mit der
drängenden Kühnheit der dramatischen Sprache verleihen
der Tragödie jene gehetzte Unausweichlichkeit, die eines
ihrer wesentlichen Merkmale ist. Allerdings strebt die
Tragödienhandlung nicht im klassischen Sinne der Kata-

strophe zu, sondern der »Fall« des Helden liegt (ähnlich wie bei *Lear*, wo er ganz am Anfang steht) ziemlich weit vorne (II,2). Von da an werden nur noch die Folgen dargestellt, die rasch und notwendig verlaufende moralische Degeneration des Helden. Der »Tod des Tyrannen« ist in letzter Konsequenz nur noch das Abschütteln einer reifen Frucht vom Baum des Bösen (IV,3,238).

Keine andere der Tragödien, selbst *King Lear* nicht, befaßt sich so intensiv und so extensiv mit der Natur des Bösen. Macbeth ist – und das unterscheidet ihn von den anderen Tragödienhelden – nicht ein edler Mensch, der einmal strauchelt, wie Othello, oder ein törichter, eigensinniger alter Mann, der übermäßig hart bestraft wird, wie Lear, sondern ein in Blut watender Massenmörder und Tyrann, der, so möchte man meinen, seine gerechte Strafe erhält. Doch liegt das Böse nicht nur in Macbeth, sondern wird – objektiviert – als in der Natur waltendes Prinzip sichtbar. Macbeth erliegt zwar der Versuchung, aber die Versuchung ist auch stark. Damit stellt sich die Frage nach Freiheit und individueller Schuld, nach Macbeths Statur, schließlich nach Shakespeares Tragödienbegriff überhaupt, eine Frage, in der sich die Shakespeare-Kritik – wie in so vielen anderen – gänzlich uneins ist. So reicht das Spektrum der Deutungen von »resemblance [...] to Greek Tragedy« (Quiller-Couch) bis zu »a traditional Catholic Christian poem« (W. A. Murray). Die Charakterdeutung Macbeths, die ein integraler Bestandteil einer Gesamtdeutung sein muß, schwankt von »sublime, [...] tragic, even grand« (Bradley) zu »a bourgeois type: a murderous Babbitt« (Mary McCarthy). Mit Lady Macbeth verhält es sich nicht anders, und folglich kann es kaum wundernehmen, daß auch die Strukturanalysen, die Untersuchungen zur Metaphorik oder zur Ironie zu keiner einheitlichen Deutung kommen können – auch wenn sich inzwischen wohl die meisten Interpreten darüber einig sind, »[that] Macbeth is one of Shakespeare's most carefully integrated dramatic poems« (W. A. Murray). Eines macht jedoch ein noch so flüchtiger

Blick vor allem auf die Bildstruktur deutlich: die kosmi-
schen Ausmaße des Kampfes zwischen Gut und Böse und
die paradoxe Rolle, die der Mensch in diesem Kampf
spielt.

Wenn im Folgenden versucht werden soll, an Hand des
Textes eine Gesamtdarstellung des Dramas zu geben, so
wird damit keinesfalls der Anspruch auf eine vollständige
Interpretation erhoben. Die herrschende Meinungsvielfalt ist
in der Komplexität des Stückes angelegt. Aber eingedenk
Wilbur Sanders' Mahnung – »In approaching a work as
manifold and inexhaustible as *Macbeth*, there is consider-
able danger of losing one's way in the very richness of the
play, leaving the reader with a lapful of oddments and
annotations, and no coherent image of the whole« – soll
wenigstens *ein* zusammenhängendes Bild des Ganzen vorgeführt werden.

Die erste Szene des ersten Aktes, die man als eine Art Auf-
takt oder Vorspiel bezeichnen könnte, ist durchaus nicht
sinnlos, wie einige frühe Kritiker meinten, sondern erfüllt
eine Reihe von wichtigen Funktionen. Was immer die Hexen im Endeffekt sein mögen – Nornen, Furien oder eben
Hexen –, sie erscheinen dem Zuschauer hier als körperliche
Wesenheiten, als objektivierte Kräfte des Dämonischen, so
daß es sich von da an grundsätzlich verbietet, sie etwa
nur als Ausgeburten einer überreizten Phantasie oder gar
als Externalisierungen von Macbeths dunklen Seelenkräften
zu verstehen. Die meisten Zeitgenossen Shakespeares glaub-
ten an Hexen (siehe die *Daemonologie* von James I.) – sei
es, wie Dr. Johnson meinte, in einer unaufgeklärten, mittel-
alterlichen Weise oder, wie bei W. A. Murray nachzulesen
ist, in der Art der sich um die Jahrhundertwende ausbrei-
tenden neuen Medizin des Paracelsus, die auch eine Theo-
rie der Elementargeister umfaßte und die den immer stärker werdenden Rationalismus mit traditionellen Vorstellungen des Volksglaubens und der Religion zu versöhnen
wußte. Folglich verweist das Auftreten der Hexen den Zu-

schauer sogleich auf den Bereich des Spirituellen, in dem sich die eigentliche Handlung abspielen wird. Außerdem werden die Hexen mit Aufruhr und Unordnung in der Natur und in der Menschenwelt in Verbindung gebracht, die Analogie, mehr noch, das Aufeinander-Bezogensein vom Chaos im Bereich menschlicher Ordnung und dem in der Natur klingt bereits an. Es herrscht Aufruhr im Königreich, die Welt ist in Gefahr, »out of joint« zu geraten. Das Paradoxon von der verlorenen und zugleich gewonnenen Schlacht und vor allem des leitmotivischen »fair is foul, and foul is fair« umreißt die Grundsituation des Dramas: die der Täuschung, Selbsttäuschung, also auch hier wieder der Diskrepanz zwischen Schein und Sein, und der radikalen Umkehrung aller Werte. Der Hinweis auf das Treffen mit Macbeth schlägt einen Spannungsbogen zur 3. Szene, so daß die folgende expositorische Szene dadurch spannungsmäßig aufgefangen wird.

Die 2. Szene in einem Feldlager (vermutlich in Fife) führt zwar Duncan und seine Söhne ein, doch bilden diese im wesentlichen nur das Auditorium für den Botenbericht. In einem gänzlich von der Person des Sprechers abgelösten epischen Stil berichtet der verwundet vom Kriegsschauplatz zurückgekehrte Hauptmann von den Schlachten mit dem Rebellen Macdonwald und dem Invasionsheer des norwegischen Königs und von den militärischen Großtaten Macbeths. Die Charakterisierung Macbeths steht im Mittelpunkt der Szene: sein Mut und seine Tapferkeit sind grenzenlos, er fordert selbst Fortuna heraus und besiegt sie, kurz, er verhilft der Gerechtigkeit zum Sieg. Er ist es, der – ironischerweise – die Welt wieder einzurenken scheint. Rosse kann dies kurz darauf bestätigen, »Bellonas Bräutigam« zwingt den Sieg herbei.

Es ist auffällig, daß Macbeths Charakterisierung sich ausschließlich auf den Bereich militärischer Tugenden bezieht. Er ist ein großer Kriegsheld – offenbar sehr viel kühner als Malcolm, der nur mit Hilfe des Hauptmanns einer Gefangennahme entgeht – und er ist an rauchendes Blut,

abgehauene Glieder und Leichenberge gewöhnt. Man sollte
die brutalisierende Wirkung des Krieges nicht unterschät-
zen, von der Burgundy in *Henry V* (V,2,59–62) sagt:
»... But grow like savages, as soldiers will / That nothing
do but meditate on blood, / To swearing and stern looks,
defus'd attire, / And every thing that seems unnatural.«
(Siehe dazu L. C. Knights, »Trends in Sh. Criticism«.) Das
Ende der Szene schafft den Übergang von der Exposition
zu der nun einsetzenden Handlung. Duncan, obwohl wahrscheinlich zu alt, um sein Heer anzuführen (was die Frage
seiner Nachfolge akut macht), ist durchaus nicht weichlich
oder unentschieden wie in der Vorlage, sondern verurteilt
den Verräter Cawdor auf der Stelle zum Tode. Die Über-
tragung von dessen Titel (und Besitz) auf Macbeth ist
nicht ohne Ironie. Die gleiche Ironie scheint sich schon in
der Ambiguität der Zeilen 56 f. auszudrücken, und Duncans abschließende Worte, normal genug, sind im Licht der
künftigen Ereignisse gänzlich doppelsinnig. Hier zeigt sich
zum erstenmal jene vorausdeutende Ironie, die für das Dra-
ma typisch ist. Eine weitere Ironie liegt darin, daß Duncan mit dieser Auszeichnung Macbeths seinem eigenen To-
desurteil Vorschub leistet, da dieser sie im Zusammenhang
der Prophezeiung als gutes Omen auffaßt.
Die Prophezeiung und ihre teilweise Erfüllung (I,3) bilden
einen ersten Höhepunkt der Handlung. Der Zuschauer hat
Macbeth und Banquo den Hexenauftritt zu Anfang der
Szene voraus, in dem die Hexen sich als äußerst erdver-
bundene, bösartige und auf kleinlich-persönliche Weise
rachsüchtige Wesen zeigen (so daß es schwerfällt, in ihnen
Nornen oder Furien zu sehen). Sie sind darauf aus, Menschen zu verderben und zu quälen, für Macbeth bereiten
sie einen Zauber vor, dem er erliegen soll. Die ersten Worte
Macbeths sind ein unbewußtes Echo der Worte der Hexen
in I,1. Wahrscheinlich bezieht er sich auf das Wetter, respektive auf die Nebelschwaden, in denen sich die Hexen
verbergen, jedoch wird sich dieser Tag für ihn zunächst als
»fair«, in Wahrheit aber als »foul« herausstellen. Banquo

nimmt das Erscheinen und die Worte der Hexen sehr viel gelassener auf als Macbeth, dessen Erregung sich zunächst nur in den Worten Banquos spiegelt. Das Auftreten von Rosse und Angus mit der Nachricht von der Titelverleihung, die eine Erfüllung der ersten Prophezeiung darstellt, führt zu einer Reihe von *asides*, in denen Macbeth seine verwirrten Gedanken zu ordnen versucht. Während Banquo ziemlich sicher ist, daß der Teufel bzw. die Werkzeuge der Finsternis hinter den Prophezeiungen stecken, ist sich Macbeth nicht klar. Er bewertet die Bewahrheitung der ersten beiden Anreden als Indiz für die guten Absichten der Sprecher, was völlig unsinnig ist, denn Than von Glamis war er ohnehin schon, und seine Ernennung zum Than von Cawdor hat auch nichts Wunderbares an sich. Die beiden ersten Äußerungen sind genau die »honest trifles«, von denen Banquo spricht (Z. 125), und keine Gewähr für die Wahrheit der dritten. Macbeth spürt dies auch unbewußt, wenn er sich fragt, warum ihm denn der Gedanke an Mord kommt. Wenn es eine »gute« Prophezeiung ist, dann erfüllt sie sich schließlich auch allein, und für kurze Zeit läßt es Macbeth dabei bewenden (»If Chance will have me King, why, Chance may crown me, / Without my stir«). Zweierlei wird jedoch deutlich: die Vorstellung, König zu werden, übt auf Macbeth eine große Faszination aus, und die Idee, Duncan zu ermorden, kommt ihm so schnell, daß der Zuschauer vermuten muß, sie komme ihm nicht zum erstenmal – oder aber Töten als Konfliktlösung sei für ihn immer naheliegend.

Wie fest der Gedanke an den Königsmord in Macbeth bereits Wurzeln gefaßt hat, zeigt das Ende der nächsten Szene (I,4), die scheinbar retardierend der Feier und Belohnung der Sieger gilt und doch das Hereinbrechen der Katastrophe beschleunigt. Duncan ernennt Malcolm zu seinem Nachfolger, und Macbeth muß erkennen, daß das, was schon vorher nicht »within the prospect of belief« stand (I,3,74), jetzt noch unerreichbarer scheint, es sei denn, er nähme die Sache auf seine Weise in die Hand. Duncans

Entschluß, bei Macbeth einzukehren, liefert ihm gleich
darauf die Gelegenheit zum Mord. Macbeths verräterische
Gedanken werden auf der Ebene der Sprache indirekt
kommentiert: Duncans Worte über Cawdor treffen auch
auf Macbeth zu, den er schließlich »my worthy Cawdor«
nennt. Der indirekte Vergleich mit Cawdor fällt im übrigen – vom Ende her gesehen – noch ungünstig für Macbeth aus. Durch die ganze Szene zieht sich jene vorausdeutende Ironie, die sich nur dem Leser oder dem sehr auf-
merksamen und imaginativen Zuschauer als tragische Ironie
enthüllt. Die Metaphern und Vergleiche schließlich, die das
Verhältnis zwischen Feudalherrn und Vasallen im Sinn
familiärer Bindungen deuten und den König als hegenden
und pflegenden Gärtner seiner Untertanen, evozieren zum
ersten, aber nicht zum letztenmal die menschliche und gesellschaftliche Ordnung als Resultat kultivierenden Handelns – eine Ordnung, die Macbeth zu zerstören im Begriff ist.
Die nächste Szene (I,5) wird völlig von Lady Macbeth be-
herrscht, die dem Zuschauer als Verkörperung eines ab-
soluten Willens gegenübertritt. Es ist schwer zu entscheiden, ob Shakespeare ihre Interpretation von Macbeths
Charakter als objektive Information verstanden wissen
wollte oder ob ihre subjektive Einschätzung nur als Folie
dienen soll, vor der ihre eigene Willensstärke um so deut-
licher hervortritt. Als Motivierung ist sie allerdings unzureichend, und Lady Macbeth erscheint in dieser und der
folgenden Szene in erster Linie als Trägerin einer Funktion.
Jenseits dieser ihrer Funktion als treibende Kraft bleibt
die Figur schattenhaft. Von dem Augenblick an, wo Lady
Macbeth sich bewußt und ohne zu zögern den Dämonen
der Finsternis öffnet und dabei nicht nur ihre Weiblichkeit
sondern ihre Menschlichkeit aufgibt, ist sie ein Instrument
des Bösen, wie und was immer sie vorher auch gewesen
sein mag.
Nach der Anrufung von Chaos, Nacht und Hölle ist der
Kontrast, den Duncans Eingangsworte (I,6) bilden, voll

tragischer Ironie. Sie zielt auf Duncan selbst wie auch auf
Macbeth, der jene heitere, harmonische Natur, die die um
Sanftheit, Liebe, Zeugung und Geburt kreisenden Sätze
beschwören, für sich zerstören wird, indem er sie für andere
zerstört. Lady Macbeths gezwungene Förmlichkeit, mit der
sie auf Duncans unverstellte und arglose Herzlichkeit antwortet, ist ein schwacher Hinweis darauf, was sie und Macbeth aufzugeben im Begriff sind.

Macbeths großer Monolog in I,7 wirkt zwar noch einmal
retardierend, ja es scheint fast so, als wolle Macbeth den
Mordplan doch fallen lassen, aber Lady Macbeth weiß
ihn wieder und diesmal endgültig umzustimmen. Macbeths
Skrupel sind oft als Konventionalität oder gar als Angst
vor den praktischen Konsequenzen ausgelegt worden –
dann wäre Lady Macbeths Sicht von ihm unzutreffend.
Doch scheint die innere Logik des zugegebenermaßen dop-
peldeutigen Monologs dieser Interpretation zu widerspre-
chen. Macbeth wäre zwar bereit, das ewige Leben aufs Spiel
zu setzen, d. h. sich für die Hölle zu entscheiden, wenn er
dann wenigstens in diesem Leben seine Ruhe hätte, aber
er weiß, daß ihn das Gericht schon in dieser Welt ereilen
wird, und das Gericht bedeutet Verdammnis. Das horrende
Ausmaß seiner Schuld spiegelt sich in den grandiosen Metaphern, mit denen er die Wirkung seiner Schuld beschreibt: das ganze Universum wird in Tränen des Mitleids
(mit Duncan) ertrinken. Freilich sind seine Argumente Lady
Macbeth gegenüber vordergründiger – vielleicht weil das
die Sprache ist, die sie versteht. Moralische Skrupel sind für
sie Schwäche. Folglich packt sie ihn auch bei seiner Ehre als
Mann und Soldat, und nachdem sie ihm illustriert hat, zu
welch grauenhafter Härte sie sich zwingen würde, wenn sie
es geschworen hätte, kann er sich vor ihr keine weitere
Blöße mehr geben. Allerdings ist ihre Kühnheit mehr die
»valour of my tongue«, von der sie in I,5,27 spricht. Als
sie findet, daß Duncan im Schlaf ihrem Vater ähnelt
(II,2,12 f.), ist sie unfähig, die Tat selbst zu begehen.

Der zweite Akt führt auf den Höhepunkt der Handlungs-
kurve und zur Katastrophe. Nachdem Macbeths vorsichtiger
Versuch, Banquo zu bestechen, gescheitert ist, meditiert
Macbeth über seine Tat, während er auf das Glockenzei-
chen wartet. Töten im Krieg ist offensichtlich eine Sache,
Morden eine andere – und er ist in einem Zustand fiebriger
Erregung. Das ganze Grauen, das er empfindet, drückt sich
in der Beschreibung der Nacht aus, Schauplatz für alles
Scheußliche, Widernatürliche und Häßliche, und setzt sich
in der 2. Szene – der eigentlichen Mordszene – fort. Freilich geschieht der Mord selbst hinter der Bühne, während
Lady Macbeth wartet, lauscht und jedes Geräusch kommentiert. Macbeth erscheint, tief verstört und bereits von seinem Gewissen gepeinigt, während Lady Macbeth versucht,
seine Phantasien unter Kontrolle zu halten. Ihre Kraft
scheint sie auch nicht zu verlassen, als es gilt, die Dolche
zurückzubringen und mit Duncans Blut zu beschmieren.
Sie ist es, die bis zum Ende der Szene ihren kühlen
Kopf bewahrt und alle praktischen Vorkehrungen trifft,
dieweil Macbeth völlig mit sich und seinem Verbrechen be-
schäftigt ist. Hier schon klingt der Gedanke an, daß er
sich, um vergessen zu können, sich selbst entfremden
müßte.

Die Pförtnerszene, die der Entdeckung des Mordes vorausgeht (II,3) und die zunächst rein praktische dramaturgi-
sche Gründe erforderlich machen (der Spieler des Macbeth
muß sich waschen und umziehen), ist wegen ihrer scheinbaren Irrelevanz und ihrer *low comedy* hin und wieder
als *comic relief* gedeutet worden – eine Deutung, die wohl
die psychologische Wirkung eines so grotesken Kontrastes
verkennt. Neben ihrer dramaturgischen Funktion liegt die
Bedeutung der Szene aber vor allem in ihrer thematischen
Ausweitung des Geschehens. Indem Shakespeare mit dem
Pförtner die traditionelle Figur des Höllentor-Pförtners
aus den *miracle plays* zitiert, kommentiert er einerseits
Macbeths existentielle Situation als die eines Bewohners
der Hölle – und weitet andererseits das Thema ins Über-

zeitlich-Beispielhafte aus. Die vielen zeitgenössischen Anspielungen des Pförtners, vor allem auf *equivocation* (und
damit auf das *Gunpowder-Plot*), schlagen schließlich einen
Bogen zur Gegenwart des damaligen Zuschauers, so daß
das Macbeth-Geschehen den Charakter des Allgemeinen,
des Besonderen und des historisch Wiederholbaren erhält.
Nach diesem dramatisch wichtigen, aber kurzen Aufenthalt steigert sich die Szene zur Klimax der Entdeckung. In
einer Hysterie des Horrors beschwört Macduff das Bild
des Jüngsten Gerichts, das Lady Macbeth unbewußt fort-
führt. Macbeth und Lady Macbeth haben ihre erste ent-
scheidende Nervenprobe zu bestehen, und beide machen
Fehler. Vor allem Macbeths spontane »Hinrichtung« der
beiden Kämmerer erweckt den Verdacht Macduffs, und
Lady Macbeth muß mit einem Ohnmachtsanfall die allgemeine Aufmerksamkeit ablenken. Banquo hat ohnehin
Grund zum Mißtrauen, und Duncans Söhne benutzen den
ersten unbewachten Augenblick zur Flucht. Macbeth hat sein
Ziel erreicht, das Ende des II. Aktes sieht ihn auf dem
Weg zur Krönung, aber er hat keinen Grund, sich sicher
zu fühlen. Noch einmal (zu Beginn von II,4) wird in dem
Gespräch zwischen Rosse und dem Alten Mann die Aus-
wirkung des Mordes auf die kosmische Ordnung geschildert, die kurz zuvor bereits Lenox, noch in Unwissenheit
der Vorfälle, beschrieben hatte. Der Tag wird zur Nacht,
die Ordnung der Natur scheint aufgehoben. Rosse allerdings kann oder will die Zeichen nicht lesen – er schließt
sich Macbeths Partei an.

Der Schauplatz des dritten Aktes ist mit Ausnahme der
letzten beiden Szenen der Königspalast in Forres, woraus
man schließen kann, daß seit dem Mord zumindest eine
ganze Reihe von Tagen verstrichen ist, zieht man die real
gegebenen Entfernungen zwischen Inverness und Scone und
zwischen Scone und Forres in Betracht. Auch aus dem Text
ergeben sich Hinweise darauf (z. B. hat Macbeth bereits
ein Spionagenetz aufgebaut). Doch hat der Zuschauer kaum

Gelegenheit zu solchen Überlegungen, und die Geschwindigkeit, mit der Macbeth Beschlüsse faßt und in die Tat umsetzt, bleibt der beherrschende Eindruck. Wieder täuscht Festlichkeit scheinbaren Frieden vor, dieweil in Wahrheit Macbeth über Mordgedanken brütet. Während jedoch die festliche Stimmung Duncans in I,4 anläßlich Macbeths hart erkämpfter Siege direkt und unschuldig ist, erscheint das Fest, das er jetzt selbst gibt, als eine »Siegesfeier« makabrer Art.

Banquos Eingangsmonolog macht sofort die Notwendigkeit allgemeiner Vorsicht und Verstellung deutlich. Er zeigt allerdings auch Banquo in einem dubiosen Licht. Er ist ziemlich sicher, daß Macbeth Duncans Mörder ist, scheint jedoch keine Hand zu rühren – hofft vielmehr darauf, daß sich die Prophezeiung auch für ihn erfülle. Ist er feige? Ist er ein Opportunist? Oder wartet er nur auf eine günstige Gelegenheit? Will er Verstärkung um sich sammeln? Macbeths Charakterisierung seines Wesens als kühn aber weise (Z. 51–53) hält diese Möglichkeit zumindest offen. Schließlich konnte Shakespeare den Vorfahren James' I. weder als Mitwisser noch als feigen Opportunisten schildern, andererseits konnte er auch nicht die historischen Tatsachen völlig auf den Kopf stellen.

Macbeths Motive für den Mord an Banquo sind mehrschichtig. Natürlich kann ihm Banquo ganz praktisch gefährlich werden. Dann ist da die Prophezeiung. Macbeth ist schon nicht mehr damit zufrieden, selbst König zu sein, er denkt jetzt – aber auch jetzt erst – an seine Nachkommen, die er im übrigen noch nicht hat. Ehrgeiz über das Grab hinaus? Oder ist es nicht vielmehr die rasche und entsetzliche Erkenntnis, daß er für sich selbst nichts von der ersehnten Krone zu erhoffen hat? Er hat seine Gedanken besudelt, seinen Frieden vergiftet und seine Seele verkauft – und ist deshalb außerstande, das zu genießen, wofür er diesen hohen Preis gezahlt hat. Aber wenn er schon nicht, dann wenigstens seine Nachkommen und nicht diejenigen Banquos, schon gar nicht Banquos. Und da liegt wahr-

scheinlich der tiefste Grund: Banquo ist edel und königlich
von Natur, und er hat eine unschuldige Seele. Er kennt
Macbeths Schuld, davon muß Macbeth überzeugt sein, und
folglich fühlt sich Macbeth von ihm eingeschätzt und verurteilt. Macbeth kann den Vergleich nicht ertragen, den
er selbst dauernd zu ziehen gezwungen ist. In tiefster Ursache sind es seine Schuldgefühle, die ihn dazu zwingen,
das Schicksal wieder einmal in seine Hand zu nehmen. Allerdings mit dem Unterschied, daß er, aus Erfahrung scheinbar klug, nicht mehr selber mordet, sondern andere für sich
morden läßt. So versucht er, die beiden künftigen Mörder
so sehr gegen Banquo aufzubringen, daß es ihr Mord, nicht
seiner wird. Er tut das bezeichnenderweise mit der gleichen
billigen Methode, die Lady Macbeth vorher bei ihm ange-
wandt hatte. Er macht mögliche religiöse Skrupel lächerlich,
fordert die Männlichkeit der beiden heraus (mit einem Tiervergleich) und verspricht seine Liebe, falls sie erfolgreich
sind. Der Aufwand erscheint angesichts der beiden Brava-
dos fast übertrieben und rechtfertigt sich wohl eher dadurch,
daß die Verwandlung vom Verführten zum Verführer, vom
Verdorbenen zum Verderber augenfällig vorgeführt wird.

Die nächste Szene (III,2) mit Lady Macbeth zeigt deutlich, welch weiten Weg Macbeth bereits zurückgelegt hat.
Die Rollen sind vertauscht: ein Mord steht bevor, und Lady
Macbeth weiß nichts davon. Ihre ersten Worte lassen ahnen,
daß auch sie nicht glücklich ist, aber so, wie sie Macbeth zu
Anfang zu helfen versuchte, indem sie ihn trieb, versucht sie
ihm jetzt zu helfen, indem sie ihn beruhigt, ihm rät, seine
Gedanken zu verdrängen. Aber Macbeth hat sich für einen
anderen Weg entschieden, das Gesetz des Handelns liegt
jetzt bei ihm. Er ist bereit, das Universum zu zerstören,
wenn ihm das endlich Frieden brächte – Frieden in seiner
doppelten Perspektive als Sicherheit und Seelenfrieden.
Seine Anrufung der Nacht, »Come, seeling Night« (Z. 46),
die ein Echo auf Lady Macbeths »Come, thick Night«
(I,5,50) ist, hat fast etwas Triumphierendes. Nach dem er-

sten Mord haben alle weiteren Morde beinahe den Charakter eines Opiates.

Die folgenden beiden Szenen (III,3 und 4) bringen in span-
nungsreicher Handlung Banquos Ermordung und ihre au-
genblickliche – ironische – Konsequenz in der Bankettszene.
Das Entkommen von Banquos Sohn macht das Eintreffen
der Prophezeiung erneut wahrscheinlich. Die Erscheinung
von Banquos Geist läßt Macbeth sich in den Augen der
Gäste so merkwürdig verhalten, daß sie Verdacht schöpfen
müssen. Während also die innere Handlung geradlinig wei-
terläuft, bereitet sich in der äußeren Handlung von hier
an eine Gegenbewegung vor. Lady Macbeth, die weder etwas von dem Mord weiß noch die Erscheinung sieht, teilt
folglich auch nicht Macbeths Entsetzen und kann daher
versuchen, die Situation wieder einmal zu retten. Sie glaubt,
es sei nur ein Rückfall in den alten Zustand vor Duncans
Ermordung und begegnet ihm mit den alten Mitteln. Für
Macbeth aber, der zu Anfang der Szene so abgebrüht und
zynisch auftrat, ist diese Erscheinung, grausig wie sie ohnehin schon ist, der Beweis dafür, daß seine Ängste nicht
aufhören werden – es sei denn, er härte sich noch mehr ab.
Da er nicht mehr zurück kann, muß er so lange weiter
durch Blut waten, bis er am Ziel ist. Die Hexen sollen ihm
nur zeigen, von wo ihm Gefahr droht – wie er ihr zu begegnen hat, weiß er selbst.

Der chronologische Anschluß an III,4 wäre nun eigentlich
die »cauldron«-Szene. Es folgen jedoch erst die Hekate-
Szene, die, da sie mit größter Wahrscheinlichkeit nicht von
Shakespeare ist, hier ausgeklammert werden soll, und die
in ihrer Chronologie sehr umstrittene 6. Szene zwischen
Lenox und dem unbekannten Lord. Da nämlich Macbeth
in III,4,130 erst den Plan äußert, nach Macduff zu schik-
ken, und kurz darauf beschließt, am nächsten Tag frühzeitig zu den Schicksalsschwestern zu gehen, der Lord in
III,6 aber bereits davon zu berichten weiß, daß Macduff
den Boten unverrichteter Dinge wieder zurückgeschickt hat
und geflohen ist, was Macbeth erst am Ende der »caul-

dron«-Szene erfahren wird, ist die Vermutung wahrscheinlich, daß III,6 ursprünglich auf IV,1 gefolgt ist.

Wie auch immer, Lenox' bitter-ironische Äußerungen über Macbeths Methoden und der Bericht des Lord über Macduffs Pläne erläutern die Stimmung im Lande und die Möglichkeit einer von England ausgehenden Befreiung. Damit bahnt sich für die äußere Handlung endgültig ein Umschwung an.

Noch aber ist Macbeth der Jäger, nicht der Gejagte, zumindest in einem äußeren Sinne. Sein erneutes Zusammentreffen mit den Hexen (IV,1) ist für ihn so fatal wie das erste: es treibt ihn in der eingeschlagenen Richtung weiter und besiegelt – nach seinem inneren – nun auch seinen äußeren Untergang. Wieder sind die Prophezeiungen so abgefaßt, daß Wahrheit und Täuschung für Macbeth einen undurchdringlichen Dschungel bilden. Die Warnung vor Macduff ist ein Echo seiner eigenen Befürchtungen – so, wie die Prophezeiung, er werde König werden, eine Echo seiner Wünsche war. Die nächsten beiden Prophezeiungen dagegen wiegen ihn in falscher Sicherheit: er ist unverwundbar. Den Widerspruch zwischen der Warnung und der Zusicherung der Unverletzlichkeit fühlt er dumpf – wie schon die Widersprüche in den ersten Prophezeiungen – und wieder will er selbst dafür sorgen, daß sich das Schicksal auch erfüllt, und Macduff auf alle Fälle töten. Dessen Flucht muß ihm Beweis dafür sein, daß an der Warnung etwas dran ist, so wie der Aufzug der von Banquo gegründeten Dynastie ihm – zu seiner Wut – auch die andere der früheren Prophezeiungen bestätigt. So wird er verführt, auch die anderen beiden Versprechen zu glauben. Obwohl er weiß oder glaubt, daß zur Vernichtung eines Mörders die Naturgesetze aufhebbar sind, daß Bäume sprechen, Steine sich bewegen und Tote wandeln können, vertraut er jetzt plötzlich darauf, daß der Wald von Birnam den Naturgesetzen unterworfen bleibe. Kurz, man gewinnt den Eindruck, daß er immer nur das heraushört, was er heraus-

hören will. Die Nachricht von Macduffs Flucht bestärkt
ihn in dem Vorhaben, jeden Gedanken augenblicklich in
die Tat umzusetzen – und noch gründlicher vorzugehen.
Ruft man sich sein Zögern, seine Skrupel, seinen Horror
vor sich selbst zu Anfang seiner »Laufbahn« zurück, so ist
er wahrlich einen weiten Weg gegangen. Die Ausrottung
von Macduffs Familie ist an Sinnlosigkeit und Brutalität
nicht mehr zu übertreffen. Macbeth wird keine Visionen
mehr haben, er ist am Ende angekommen – und folglich
ist dies auch der letzte Mord, der dem Zuschauer vorgeführt wird.

Die häusliche Szene in der Burg Macduffs, die dem Mord
vorausgeht (IV,2), will daher vor allem Mitleid wecken
und am konkreten Einzelfall noch einmal illustrieren, was
dann in der nächsten Szene als allgemeiner Zustand
Schottlands geschildert wird. In einer Atmosphäre der
Angst und Unsicherheit die hilflosen Trostversuche eines
verunsicherten Rosse, das Aufbegehren der verlassenen und
verängstigten Lady Macduff, die ihren Mann nicht mehr
versteht, das zutrauliche und zugleich scharfsinnige Ge-
plauder des kleinen Sohnes, die Warnung des Unbekannten, der sich damit selbst gefährdet und die zu spät
kommt, Hilflosigkeit, Entsetzen und die Art, wie der
kleine Sohn den Ruf seines Vaters mutig verteidigt – der
moderne Leser fühlt sich hier schon recht unbehaglich, so
stark wird am Ende auf das Gefühl gedrückt.

Die nächste Szene (IV,3) bringt zwar einen abrupten
Schauplatzwechsel nach England, knüpft aber an Thema
und Emotion der vorigen Szene an. Was sich eben im
privaten Raum als Einzelschicksal abspielte, wird am
Anfang der Szene als Allgemeines mit der Rhetorik der
öffentlichen Rede beklagt. Macduffs große Klage wird
allerdings immer wieder von Malcolms vorsichtigen Wendungen und zweifelnden Fragen unterbrochen. Das allgemeine Mißtrauen hat seine Kreise bis nach England gezogen, und Malcolm hat Ursache, Macbeths Nachstellungen
auch hier zu fürchten. Seine große Selbstanklage, mit der

er schließlich Macduff auf die Probe stellt, darf nicht unter realistischen Aspekten gesehen werden. Sie ist in sich so unwahrscheinlich wie die Tatsache, daß Macduff ihr glaubt. Neben ihrer dramatischen Funktion dient sie vor allem der Darstellung Macbeths, eines Macbeths freilich, der – von der dramatischen Gestalt abgelöst – nun zur Inkarnation alles dessen wird, was einen schlechten Herrscher überhaupt ausmachen kann. Dem gegenüber steht die Definition ex negativo der »king-becoming graces« (Z. 91 ff.), des idealen Herrschers. Duncan war ein solcher, Edward the Confessor und – James I., wie Shakespeare höflich andeutet. Wie schon in II,3, wird auch in dieser Szene die Grenze des historisch Besonderen überschritten.

Malcolms erleichternder Widerruf und die Freudenbotschaft, daß der alte Siward mit 10 000 Mann bereitsteht, werden gleich darauf von der Nachricht überschattet, die Rosse für Macduff bereit hat. Auffällig die Sprachlosigkeit angesichts des eigenen Leides gegenüber der Rhetorik zu Anfang der Szene. Das Ende der Szene bringt den Aufbruch der Streitkräfte. Mit seinem letzten Mord hat Macbeth seinen Untergang selbst besiegelt, indem er sich ausgerechnet Macduff – nicht »of woman born« – zu seinem unversöhnlichsten Feind gemacht hat.

Im fünften Akt holt die äußere Handlung nach, was sich in der inneren Handlung bereits vollzogen hat. Macbeth ist »reif zum Schütteln« (IV,3,238). Auch Lady Macbeth kann nicht mehr leben. V,1 zeigt sie schlafwandelnd, in Angst vor der Dunkelheit, von der Erinnerung gepeinigt. Nicht eigentlich Reue, sondern Anblick und Geruch des Blutes quälen sie. Macbeth hat nicht nur seinen Schlaf gemordet, sondern auch den ihren – mit ihrer Hilfe. Doch während er die Ruhe der Abgestumpftheit erreicht zu haben scheint, liegt sie »on the torture of the mind« wie er zuvor (III,2,21). Alles, was sie mit der Kraft ihres Willens verdrängt hatte, steigt jetzt in ihren Träumen wieder herauf und treibt sie um. Schließlich ist ihre Kraft er-

schöpft, und sie begeht Selbstmord (Szene 5). V,1 ist die
einzige Szene, in der sie als Leidende gezeigt wird. Ihr
Ende mag tragisch sein – dies ist nicht eigentlich ihre Tragödie.

Die nächsten Szenen alternieren in rascher Folge zwischen
den Angreifern und Macbeth. In V,2 treten die schottischen
Streitkräfte auf, die sich beim Wald von Birnam mit den
englischen Kräften unter Malcolm, Siward und Macduff
vereinigen wollen. Macbeth befestigt inzwischen Dunsinane.
Überall brechen Revolten aus, nur mit Zwang kann er seine
Streitmacht zusammenhalten.

Die 3. Szene findet Macbeth in einer seltsamen Stimmung,
einer Mischung aus Ekel, Trotz und einer Art grimmigen
Freude. Er sieht sich, von fast allen im Stich gelassen, einer
großen Übermacht konfrontiert. Die allgemeine Furcht vor
den herannahenden Truppen hat etwas Ansteckendes, so
daß er sich selbst immer wieder an die Prophezeiung seiner
Unverletzbarkeit erinnern muß. Früher müssen ihm seine
Truppen begeistert gefolgt sein, jetzt fallen sie ab, weil sie
nicht an den Sieg seiner Sache glauben, ja den Sieg
selbst nicht wollen können. Macbeth sieht sich und seine
Situation ganz klar, und aus dieser Klarsichtigkeit er-
wächst sein Lebensüberdruß, der in seltsamem Widerspruch zu seiner kreatürlichen Vitalität steht. Der Kampf
scheint ihm wie eine Befreiung zu kommen: die wilde
physische Aktion soll ihm jenes Selbstvergessen bringen, um das es in dem Gespräch mit dem Arzt geht – »[a]
sweet oblivious antidote« (Z. 43), die der Arzt nicht ver-
ordnen und die Lady Macbeth nur im Tod finden kann.

Vorläufig geht jedoch sein Wunsch nach Aktion noch mit
seinen taktischen militärischen Überlegungen Hand in Hand.
Während die vereinigten schottischen und englischen Truppen beginnen, sich beim Wald von Birnam eine Tarnung
aus abgehauenen Zweigen zu beschaffen (V,4), beschließt
Macbeth, sich auf Grund seiner reduzierten Truppenstärke
auf eine Belagerung einzurichten (V,5). In diesem Augenblick überrascht ihn die Nachricht von Lady Macbeths

Selbstmord, angekündigt vom Entsetzensschrei ihrer Frauen. So wenig, wie der Schrei ihn noch erschrecken kann, so wenig vermag ihr Tod Trauer auszulösen. Sein vieldiskutierter Ausspruch »She should have died hereafter« (Z. 17), der dem Monolog über die Sinnlosigkeit des Lebens – seines Lebens – vorausgeht, erinnert an seine Worte bei der Entdeckung des toten Duncan: »Had I but died an hour before this chance, [...] for, from this instant, / There's nothing serious in mortality;« (II,3,89 ff.). Diese Sätze geheuchelten Schmerzes waren in vorausdeutender Ironie voll unbewußter Prophetie. »Renown, and grace« sind für ihn seitdem wirklich tot, und das Leben ist für ihn ein leeres Kellergewölbe. Irgendwann später, in einem anderen Lebenszustand, hätte Lady Macbeths Tod Gewicht, Bedeutung gehabt – so aber bedeutet er genau so wenig wie das Leben selbst.

Als Macbeth gleich darauf auch noch erfährt, daß sich der Wald von Birnam zu bewegen angefangen habe, so daß sich damit auch die Prophezeiungen als trügerisch erweisen, da stürzt er sich hinaus, um ein Ende zu machen. Die Szenen 6–8 sind dem Kampf gewidmet. Der junge Siward wird von Macbeth getötet, der, anstatt sich selbst zu töten wie ein römischer Narr (denn auch seine Ehre scheint tot), lieber so viele wie möglich in den Tod mitnehmen will. Macbeths Leute ergeben sich oder laufen über, die Schlacht ist fast schon entschieden, als Macbeth endlich auf Macduff trifft. Zweimal verweigert Macbeth den Kampf, zuerst, weil er sich nicht auch noch mit Macduffs Blut belasten will, dann, weil er weiß, daß Kämpfen vergeblich ist. Erst als ihn Macduff einen Feigling nennt und ihm mit der Schande öffentlicher Schaustellung droht, versucht er noch einmal, sein Schicksal in die Hand zu nehmen – und erfüllt es damit.

Die letzte Szene (V,9) konstatiert die Niederlage des Bösen: »the time is free« (Z. 21) – und die Wiederherstellung der gottgewollten Ordnung, in der Malcolm rechtmäßiger König ist. Die Zerstörung ist groß, und das Reinigen, Ordnen und Heilen des kranken Gemeinwesens wird seine Zeit

dauern. Aber der König ist wieder der, der pflanzt und in
einem organischen Ganzen wirkt. Und so endet auch diese
Tragödie mit dem gedämpften Optimismus, mit dem Shakespeare die Überlegenheit des Guten immer wieder postu-
liert.

Nimmt man zum Abschluß die eingangs gestellte Frage nach
dem Tragischen in *Macbeth* noch einmal auf, so zeigt sich,
daß ihre Beantwortung kaum leichter geworden ist. Der Begriff des Tragischen ist eine historisch wandelbare Größe,
und so muß man einerseits historische Muster des Tragischen in der Literatur zu beschreiben und die für ihre Zeit
gültigen Definitionen von ihnen abzuleiten versuchen – andererseits wird die jeweilige, von veränderten historisch-
gesellschaftlichen Bedingungen bestimmte Rezeption des Interpreten Fragestellung und Antwort beeinflussen. Daher
müßte die Frage nach dem Tragischen in *Macbeth* genaugenommen heißen: was mag Shakespeare als den tragischen
Konflikt gesehen haben und wie versteht ihn der moderne
Leser? Natürlich sind im Laufe der Zeit und auf Grund
verschiedener Akzentsetzung die Antworten auf diesen Fra-
genkomplex höchst unterschiedlich ausgefallen, wie dies die
Vielzahl der zu *Macbeth* vorliegenden Interpretationen
zeigt.
Auf diese Interpretationen kann hier nicht näher eingegan-
gen werden. Der im folgenden unternommene Versuch strebt
keine objektiv gültige Definition des Shakespeareschen Tra-
gödienbegriffes an, bedeutet aber auch keine radikale Neu-
interpretation aus moderner Sicht, sondern bemüht sich nur
um einen Nachvollzug des dramatischen Geschehens, der von
der Frage geleitet wird, ob es auch einem modernen Leser
möglich ist, *Macbeth* als Tragödie zu begreifen.
Mit der Idee des Tragischen ist seit Aristoteles der Gedanke
menschlicher (moralischer) Größe verbunden. Macbeth
scheint sich daher auf den ersten Blick kaum für die Rolle
des tragischen Helden zu eignen. Zwar besitzt er Eigenschaften, die ihm als positiv angerechnet werden müssen,

vor allem natürlich seine Kühnheit und Tapferkeit, dennoch bleibt er als moralisches Wesen ziemlich blaß, so daß es nicht wundert, wenn Kritiker häufig nur von seiner potentiellen Größe sprechen. Seine hervorstechendsten Eigenschaften, sein Ehrgeiz und sein Wille zur Macht, prädestinieren ihn eher zum Helden Marlowescher Prägung.

Allerdings liegt das Hauptgewicht der Tragödie weniger auf Macbeths ehrgeizigem Streben als vielmehr auf den *Folgen* seines pervertierten Strebens. Er überschreitet die moralische Grenze, die dem menschlichen Streben – in Shakespeares Sicht – gesetzt ist, und erlaubt damit einem objektiven Bösen, von ihm Besitz zu ergreifen und durch ihn zu wirken. Diese Wirkung – der »Fluch der bösen Tat«, die sich fortzeugende Gewalt – wird ins Zentrum der Darstellung gerückt. Sie ist nicht abgelöst von Macbeth zu sehen, der Gefäß oder Agent des Bösen ist. Aber er ist – und die Akzentverlagerung ist wichtig – auch dessen Opfer. Zwar überantwortet er sich mit offenen Augen der Verdammnis, der Horror jedoch, den er empfindet, ist nicht so sehr Angst vor den Folgen, sondern das Grauen vor seiner eigenen Unmenschlichkeit. Die Tortur seiner irdischen Hölle besteht in eben diesem Grauen, das zwar rationalisiert wird als Furcht vor Rache und Verrat, das aber im Grunde dieselbe alptraumartige Erinnerung an das sündhaft vergossene Blut ist, die auch Lady Macbeth umtreibt. Das Ausmaß dieser Qual, das Shakespeares mächtige Sprache für den Zuschauer mitvollziehbar macht, peitscht Macbeth voran. Da er die erste Tat nicht ungeschehen machen kann, kann er nun nur noch versuchen, sich selbst zu entsensibilisieren, sich so an Grauen zu »überessen«, daß er es nicht mehr empfindet. Was ihn empfinden ließ, war seine Menschlichkeit – die Stärke seiner Empfindung reflektiert die Größe seiner Menschlichkeit –, was ihn allein leben läßt, ist das Abtöten seiner Menschlichkeit, bis er zu dem Teufel wird, als den ihn die Außenwelt sieht. Als er diesen Zustand endlich erreicht hat, muß er erkennen, daß das Leben so nur noch eine leere Hülse ist, sinn- und beziehungslos, ein Schattenreich, in dem er als lebendiger Toter umherirrt. Nun mag er ebensogut ganz sterben.

Der Zuschauer erlebt diesen Prozeß mit – wenn vielleicht auch nicht bewußt, so doch über die Emotion, die Shakespeares Poesie hervorruft. Er erlebt die absichtliche Selbstzerstörung einer lebenden Seele und den Leidensdruck, der sie bedingt. Und er kann nicht anders als Mitleid empfinden. Um es überspitzt auszudrücken: das Ausmaß der von Macbeth begangenen Scheußlichkeiten spiegelt die Stärke seiner Qual und diese das Maß an Menschlichkeit, das er aufzugeben hatte. (Man kann in etwa verstehen, warum Bradley Macbeth mit Luzifer, dem gefallenen Engel, vergleicht, denn dieser Vergleich umschreibt das Ausmaß des Wandels.)

Das »Edle« und »Gute« definiert sich in der Gestalt des Macbeth also ex negativo, nämlich als sein Verlust. Darüber hinaus wird dieser Verlust als Prozeß des leidvollen Verlierens dargestellt. Das Miterleben dieses Prozesses bringt den Zuschauer dazu, Macbeth nicht nur vom moralischen Standpunkt aus zu verurteilen, sondern ihn gleichzeitig als Menschen zu bedauern. Macbeth wurde schuldig, weil sein Ehrgeiz größer war als seine moralischen Hemmungen – oder, um in der Vorstellungswelt des Dramas zu bleiben, weil das Böse stärker war als das Gute. Macbeths Leiden jedoch entspringt seiner Erfahrung, daß das Gute am Ende stärker ist als das Böse. Seine weiteren Verbrechen begeht er nicht um der Lust am Bösen willen, sondern um dem Leiden am Bösen zu entgehen. Diese Paradoxie macht aus dem Bösewicht Macbeth den zwar verbrecherischen aber auch tragischen Helden Macbeth, der, im Spannungsfeld von Gut und Böse stehend, die Kraft des Guten mit der Zerstörung seiner selbst bezeugen muß.

Quellen: Die Hauptquelle ist ohne Zweifel Holinsheds *Chronicles* (1587). Außerdem mag Shakespeare einige Anregungen Buchanans *History of Scotland* (übers. 1827) verdanken, die er in ihrer lateinischen Originalfassung hätte gelesen haben können, sowie John Leslies *De Origine, Moribus, et Rebus Gestis Scotorum* (1578). Auch mag Shakespeare ein älteres Macbeth-Drama gekannt haben, dessen Existenz allerdings nur vermutet wird.

Text und Datierung: Obwohl die erste bezeugte Aufführung erst 1611 im Globe Theatre stattfand, legen Echos, Anspielungen und Parodien in zeitgenössischen Dramen nahe, daß die Uraufführung bereits 1606 gewesen sein muß. Eine Reihe von inneren Beweisen engt die Entstehungszeit auf 1605/1606 ein, so daß *Macbeth* nach *Lear* als letzte der großen Tragödien entstanden ist.

Die erste und vermutlich einzige Drucklegung ist *The Tragedie of Macbeth* in der Folio-Ausgabe von 1623. Ein fehlerhafter Text und doppelte Bühnenanweisungen machen ein Soufflierbuch oder dessen Abschrift als Druckvorlage wahrscheinlich. Neben – vermuteten – Kürzungen sind vor allem die späteren Interpolationen der Hekate-Szene und der Songs auffällig.

Literaturhinweise

Ausgaben

Macbeth, hrsg. von Bernard Groom, Oxford 1975 (¹1939) (The New Clarendon Shakespeare).

Macbeth, hrsg. von John Dover Wilson, Cambridge ¹1947 (The New Cambridge Shakespeare).

Macbeth, hrsg. von Kenneth Muir, London 1975 (¹1951) (The Arden Shakespeare).

Macbeth, hrsg. von G. K. Hunter, Harmondsworth 1974 (The New Penguin Shakespeare).

Sekundärliteratur

L. B. Campbell, *Shakespeare's Tragic Heroes: Slaves of Passion*, Cambridge 1930.

G. W. Knight, *The Wheel of Fire*, Oxford 1930.

W. C. Curry, *Demonic Metaphysics of »Macbeth«*, Chapel Hill 1933; Nachdr. 1970.

Anne Bradby (Hrsg.), *Shakespeare Criticism 1919–1935*, London 1936.

E. E. Stoll, *Shakespeare and Other Masters*, Cambridge (Mass.) 1940.

St. Spender, »Time, Violence, and Macbeth«, in: *Penguin New Writing* 3 (Febr. 1941) S. 115–120.

T. Spencer, *Shakespeare and the Nature of Man*, New York 1942.

E. E. Stoll, »Source and Motive in *Macbeth* and *Othello*«, in: *Review of English Studies* 19 (1943) S. 25–32.

L. C. Knights, *Explorations*, London 1951 (¹1946).

H. Craig, *An Interpretation of Shakespeare*, New York 1948.

H. N. Paul, *The Royal Play of Macbeth*, New York 1950.

D. A. Traversi, *An Approach to Shakespeare*, rev. Ausg. New York 1956.

W. Blissett, »The Secret'st Man of Blood. A Study of Dramatic Irony in *Macbeth*«, in: *Shakespeare Quarterly* 10 (1959) S. 379–408.

G. J. Duthie, »Shakespeare's *Macbeth*: A Study in Tragic Absurdity«, in: G. A. Bonnard (Hrsg.), *English Studies Today II*, Bern 1961, S. 121–128.

R. B. Heilman, »The Criminal as Tragic Hero«, in: *Shakespeare Survey* 19 (1966) S. 12–24.

T. Eagleton, »Macbeth«, in: T. E., *Shakespeare and Society*, London 1967.

U. Suerbaum, »Die dramatischen Funktionen der Lady Macbeth«, in: *Poetica* 1 (1967) S. 24–43.

J. Wain (Hrsg.), *Shakespeare: »Macbeth«. A Casebook*, Bristol 1968. [Eine Zusammenstellung wichtiger Texte, u. a. von S. T. Coleridge, A. C. Bradley, S. Freud, G. Wilson Knight, Caroline Spurgeon, Cl. Brooks, Helen Gardner.]

M. Lüthi, »Macbeth, Tragödie der Selbstspaltung und Selbstentfremdung«, in: *Festschrift für R. Stamm*, hrsg. von E. Kolb und J. Hasler, München 1969, S. 23–30.

J. Kott, *Shakespeare heute*, erw. Neuausg., München 1970.

M. Mack, Jr., *Killing the King: Three Studies in Shakespeare's Tragic Structure*, New Haven 1973.

R. S. Ide, »The Theatre of the Mind: An Essay on *Macbeth*«, in: *Journal of English Literary History* 42 (1975) S. 338–361.

H. Breuer, »Disintegration of Time in Macbeth's Soliloquy ›Tomorrow, and tomorrow, and tomorrow‹«, in: *Modern Language Review* 71 (1976) S. 256–271.

T. Hawkes (Hrsg.), *Twentieth-century Interpretations of »Macbeth«: A Collection of Critical Essays*, Englewood Cliffs (N. J.) / London 1977.

K. Muir / P. Edwards (Hrsg.), *Aspects of »Macbeth«: Articles Reprinted from »Shakespeare Survey«*, Cambridge 1977.

R. Horwich, »Integrity in *Macbeth*: The Search for the ›single state of man‹«, in: *Shakespeare Quarterly* 29 (1978) S. 365–373.

R. Lengeler, »Vom Mitleiden am Leiden des Verbrechers«, in: *Sympathielenkung in den Dramen Shakespeares*, hrsg. von W. Habicht und I. Schabert, München 1978, S. 55–64.

M. Rosenberg, *The Masks of Macbeth*, Berkeley / Los Angeles / London 1978.

C. Westh, *Appreciating William Shakespeare: The Tragedy of Macbeth*, Kopenhagen 1979.

H. Berger, Jr., »The Early Scenes of *Macbeth*: Preface to a New Interpretation«, in: *Journal of English Literary History* 47 (1980) S. 1–31.

St. L. Carr / P. A. Knapp, »Seeing through *Macbeth*«, in: *Publications of the Modern Language Association* 96, H. 5 (1981) S. 837 bis 847.

G. Seehase, »*Macbeth* und der gesellschaftliche Fortschritt«, in: *Jahrbuch der Deutschen Shakespeare-Gesellschaft* [Ost] 118 (1982) S. 75–82.

J. R. Brown (Hrsg.), *Focus on »Macbeth«*, London 1982.

St. Booth, *»King Lear«, »Macbeth«, Indefinition, and Tragedy*, New Haven 1982.

G. W. Knight, *Shakespeare's Dramatic Challenge: On the Rise of Shakespeare's Tragic Heroes*, Washington (D. C.) 1982.

U. Suerbaum, »Warum *Macbeth* kein Krimi ist«, in: *Poetica* 14 (1982) S. 113–133.

D. Mehl, *Die Tragödien Shakespeares. Eine Einführung*, Berlin 1983.

W. v. Koppenfels, »Über die Vergleichbarkeit des Unvergleichlichen: *Othello* und *Macbeth* als Tragödien der Versuchung und Selbstentfremdung«, in: *Jahrbuch der Deutschen Shakespeare-Gesellschaft West* 1985, S. 45–62.

U. Suerbaum, *Shakespeares Dramen*, Tübingen 1996. [Mit neuester Literatur.]